KB140077

나를 향한
열정,
'나'로부터
벗어나기

나를 향한 열정, '나'로부터 벗어나기

| 조홍길 지음

| 머리말 |

욕망을 다루는 글을 2015~6년에 네이버에 연재하면서 '나'를 다루는 글을 욕망과는 별도로 써야 하겠다는 생각이 들었다. 욕망을 다루는 일만큼 '나'를 다루는 일도 중요하다고 여겼기 때문이다. 또한 나에 대한 집착은 욕망이기도 하지만 거꾸로 욕망도 나로부터 비롯된다고 새삼스럽게 인식했기 때문이다. 그런 점에서 '나'를 다루는 일은 욕망을 다루는 일과 연관되지만 욕망과는 별개로 '나'를 다룰 필요가 있을 것이다.

'나는 누구인가?' 우리는 이런 물음을 자신에게 종종 던진다. 심오한 물음인 것 같이 느껴진다. 마치 이 물음은 '우리는 어디서 와서 어디로 가는가?'라는 불교의 화두처럼 보이기도 한다. 하지만 그것은 결코 불교의 화두가 아니다. 이 물음은 서양문화에서나 나올 수 있는 물음일 뿐이다. 그럼에도 불구하고 오늘날 한국사회에서는 문학, 종교 등의 여러 분야에서 이 물음에 앞장서고 있으며 대중적으로도 누구나 이런 물음을 뇌까리고 있다. 그리하여 여기서는 이 물음을 짚고 넘어가야 하겠다.

우선 이 물음에 어떻게 답해야 할까. 나는 홍길동이다. 나는 목수다. 나는 한국인이다. 나는 총각이다. 이런 식으로 답할 수 있는 게 아니다. 나는 내 이름도 나의 국적과 성별도 잘 알고 내가 무슨 일을 하는지도 충분히 인식하고 있다. 그러므로 이 물음은 나의 이름을 묻는 것도 아니고 나의 직업을 묻는 것도 아닐 것이다. 그것은 나의 정체성을 묻는 것이고 아니 그 이상이라고 보아야 할 것이다. 그런데 나의 이름, 국적, 직업, 성별이 나의 정체성을 이루는 요소는 맞지만 이 물음에 대한 답으로는 뭔가 많이 부족하다.

그럼 나의 이름이 바뀌고 국적이 바뀌고 직업이 바뀌고 내가 결혼한다면 나의 정체성은 어떻게 되는가? 이런 것들이 바뀌더라도 나는 여전히 예전의 나인가. 그것들이 바뀐다면 나의 정체성도 분명히 바뀔 것이고 나는 예전의 나는 아니다. 그럼에도 불구하고 나의 몸도, 기억도, 습성도 똑같기 때문에 나는 여전히 예전의 나라고 항변해야 할까. 아니면 나의 참된 모습이 그대로이기 때문에 나는 여전히 예전의 나인가. 만일 그렇다면 나의 참된 모습은 무엇이란 말인가? 참으로 대답하기 곤란하다. 자칫하면 본래 면목을 알아보는 선문답이 될 가능성이 크다.

앞에서 보았다시피 '나는 누구인가?'라는 물음은 한마디로 쉽게 답할 수 있는 물음이 아니다. 어쩌면 답하기가 불가능한 물음일지도 모른다. 그래서 근대의 서양철학자들은 '나는 나다'라는 답을 내놓았다. 얼핏 보기에도 이상한 답이다. 이 답은 아무런 내용이 없어서 공허하고 추상적이다. 그렇기 때문에 이 답에서는 여전히 나의 참된 모습은 구체적으로 결코 드러나지 않는다. 단지 이 답은 자아의 존재를 정립하고 확보하는 말일 뿐이다.

근대의 서양철학자들이 제시한 '나는 나다'라는 답은 자기 동일적이고 단일한 자아의 공식이다. 이런 공식은 20세기에 들어서서 서양철학에서 반복적으로 공격받았다. 이러한 흐름에 맞서서 20세기 말에 찰스 테일러는 자아를 도덕적이고 문화적인 차원에서 재건하려고 하였다. 그에 따르면 '나는 누구인가'라는 물음은 나의 자기 정의로 이해된다. 하지만 이 물음은 나 자신만을 두고 답변될 수 있는 건 아니다. 우리는 남과 공동체를 고려해야 한다. 나는 언어를 배우고 사용하여 남과 대화함으로써 도덕적이고 정신적인 존재가 된다. 나의 자아는 다른 사람들과 부대끼면서 대화를 통해 도덕적인 자기 해석이 생기고 이럼으로써 비로소 형성된다. "내 자신만으로는 자아가 될 수 없다는 말은 이런 의미이다. 나는 어떤 대화자들과 관계를 맺을 때만 자아이다. …… 자아는 '대화의 망' 안에서만 존재한다. 바로 이 원초적 상황이 우리의 '정체성' 개념에 의미를 부여한다. …… 따라서 보통 어떤 사람의 정체성을 완전히 정의하려면 도덕적, 정신적 문제에 대한 그의 입장을 고려해야 할 뿐만 아니라 그를 정의하는 공동체도 일정하게 참고해야 한다."[1] 요컨대 인간의 자아는 문화적으로 구성된다고 그는 보았다.

그리하여 그는 서양에서 자아탐구, 즉 '나는 누구인가?'라는 물음에 대한 탐구는 기독교의 종교개혁과 근대적 내면성을 추구하는 반성문화에 토대를 두고 있으며 특히 영문학이 자아탐구를 확산시켰다고 보았다. 이렇게 본다면 결국 그는 자아의 원천들이 서양의 문화에 있음을 분명히 확인해주고 있는 셈이다.

이것은 당연한 이야기인데 우리는 미처 생각하지 못하고 있다. 자아를 탐구하려는 이런 경향은 아무리 둘러봐도 서양 이외에는 없었다. 몇 세기 전에는 아프리카로 가도 아시아로 가도 아메리카로 가도 그런 경향은 도무지 찾을 수 없다. 그건 그 좁은 지역이지만 힘이 센 서양에서 여기저기로 퍼져나간 게 아닌가.

그렇다면 '나는 누구인가?'라는 물음으로 우리는 다시 돌아갈 필요가 있다. 이 물음이 어째서 나왔는가를 살펴보는 게 좋을 것 같다.

---

1) 찰스 테일러, 『자아의 원천들』, 권기돈・하주영 옮김, 새물결, 2015, pp.82~84.

서양에서는 자아를 탐구하고 확보하려는 흐름이 고대부터 있었다. 소크라테스는 '너 자신을 알라'고 일갈하였고 아우구스티누스는 '밖으로 나가지 말고 너 자신 안으로 들어가라'고 촉구하였다. 그렇지만 서양에서도 르네상스와 종교개혁을 거치고 난 뒤에야 자아를 탐구하고 확보하려는 경향이 본격적으로 대두되었다. 17세기에 데카르트는 사유하는 자아를 방법적 회의를 통해 확보하여 철학의 원리로 삼았다. 그 이후에 자아가 철학의 주요한 관심사가 되었다. 이에 따라 서양문화 전반에서 자아를 탐구하고 확보하려는 경향이 확산되었다. 특히 자본주의의 발전은 이런 경향을 가속화하였다. 따라서 이런 경향은 서양문화에서만 나올 수 있다. 그런 점에서 '나는 누구인가'라는 물음은 대답하기 까다로우니까 심오하게 느껴질 수 있을지 몰라도 서양문화를 전제하지 않는다면 황당한 물음에 지나지 않을 것이다. 어쩌면 이 물음 자체가 잘못된 것인지도 모른다.

게다가 오늘날 자아는 서양문화에 뿌리 깊게 박혀 있으므로 자아를 통해 여러 가지 문제를 해결하려는 경향도 강하다. 이를테면, 개인의 도덕적 문제는 자아실현을 통해서 해결하려는 시도도 있고 생태적 위기는 개인의 자아를 생태적 자아로 확충해서 해결하려는 시도도 있다.

요즈음 한국에서도 '나는 누구인가'라는 물음이 소설, 영화, 대중가요 등에서 자주 등장하는 편이다. 한국사회가 그만큼 서양문화에 깊숙이 편입되어 있기 때문일 것이다. 인터넷과 지구적 자본주의의 영향으로 말미암아 한국인들, 특히 한국의 젊은이들에게는 서양문화는 몸에 잘 맞는 옷과 같다. 그래서 그들은 한국사회의 어떤 다른 세대보다도 '나'를 사랑하며 중시하고 급기야는 '나'에 중독되어 버린 세대가 되었다. 그들은 나를 사랑할 줄 알아야만 남을 사랑할 수 있다는 융의 말을 앵무새처럼 되풀이하곤 한다. 그러나 이 말은 자아도취를 결코 정당화하는 말이 아니다. 이 말은 자신의 어두운 부분까지도 견뎌낼 수 있어야만 남을 사랑할 수 있다는 뜻이다.

그들은 자존감을 바탕으로 기꺼이 자아도취에 빠져 끊임없이 '나'를 추구하고 확보하려고 하며 음미한다. 그리하여 자존감을 높이는 책이나 자기 계발서, 자아실현을 위한 책 등이 그들에게 인기를 끌고 있다. 하지만 이런 책들은 치열한 경쟁과 취업난에 시달리는 그들에게 위안을 일시적으로 줄 수 있을 뿐이다. 오히려 그것들은 그들의 삶에 현실적으로 별로 도움이 되지도 못한다.

왜 그럴까? 우리가 그토록 믿어 의심치 않는 '나'란 실체가 없는 허구일 뿐만 아니라 문화적으로 구성된 환상이기 때문이다. 그리고 우리는 이런 환상에 빠져들수록 그만큼 더 삶이 힘들게 느껴진다. 그러므로 우리는 이런 환상을 빨리 떨쳐버릴수록 좋다. 그렇지만 우리는 이런 환상을 쉽사리 떨쳐버릴 수가 없다. 그렇다고 하더라도 적어도 자아에 집착하지 않으려는 삶의 자세가 바람직할 것이다. 그러려면 자아를 탐구하거나 확보하려 하지 않고 지워나가려는 문화를 만들어나가는 게 필요하다. 이것이 바로 이 글을 쓴 동기이자 이 책의 문제의식이다.

이 책은 크게 보아 6장으로 구성된다.

1장에서는 왜 사람들이 자아를 열정적으로 추구하는지를 검토해 보았다.

2장에서는 서양에서 자아를 탐구하고 확보하려는 흐름을 먼저 살펴보았다. 이 흐름은 서양철학의 주류라고 보아야 한다. 그런데 오늘날 과학에서 자아를 어떻게 보는지도 빠뜨릴 수 없다. 그래서 인공지능과 신경과학에서 자아를 어떻게 다루었는지를 살펴보았다. 마지막으로 20세기 중반부터 자아를 해체하려는 흐름도 아울러 살펴보았다.

3장에서는 불교철학, 유교철학, 도교철학에서 자아를 어떻게 보았는지 살펴보았다. 동양철학에서는 자아를 탐구하고 확보하려는 경향이 없다. 그리고 유학자이면서도 나를 강조했던 이용휴의 「환아잠」도 검토했다.

자아도취와 자아실현은 자아를 탐구하고 확보하려는 경향의 연장선에 있다. 그런데 이런 경향은 서양의 문화에서만 두드러지게 드러난다. 그러므로 자아도취와 자아실현도 이런 문화에서만 나올 수 있지 동양의 문화에서 나올 수 있는 게 아니다. 오늘날 우리는 서양의 문화에 절대적 영향을 받고 살고 있기 때문에 자아도취로부터 자유로울 수 없음은 물론 자아실현을 지향한다. 그런 점에서 자아도취와 자아실현을 살펴보아야 할 것이다.

4장에서는 자아도취의 문제를 문학과 심리학 그리고 미술을 통해서 살펴보았다. 심리학에서 나르키소스 신화를 바탕으로 해서 나르시시즘(Narcissism)이라는 용어를 처음으로 만들어내었고 이 문제를 깊이 다루었다. 하지만 문학에서는 심리학에 앞서서 이 문제를 예술적으로 다루었다. 그리하여 오스카 와일드의 『도리언 그레이의 초상』과 릴케의 「나르키소스」라는 시를 통해 나르시시즘을 살펴보았다. 그리고 미술에서 그것을 어떻게 묘사했는지도 살펴보았다.

5장에서는 자아실현의 문제를 헤세의 『데미안』과 프롬과 매슬로의 심리학을 통해 살펴보았다. 헤세의 『데미안』은 본래의 자기를 찾으려는 융의 분석심리학적 주제와 맞닿아 있기 때문에 먼저 헤세의 소설을 감상하고 융의 분석심리학도 자기 개념을 중심으로 서술했다. 프롬과 매슬로는 자아실현이 곧 자아의 소멸이나 초월이라는 자아실현의 역설을 강조하였다. 그들이 통찰한 이러한 역설은 동서사상이 서로 만날 수 있는 발판이 될 수 있을 것이다.

6장에서는 우리가 자아나 자아실현의 문제를 어떻게 보아야 할지를 동서사상의 비교를 통해서 다루었다. 그리고 본인의 체험에 입각해서 자아를 잊어버리는 방법을 구체적으로 소개하였다.

이 글은 자아에 집착하려는 태도나 자아를 탐구하고 확보하려는 경향에 맞서 자아를 지워버리거나 잊어버리는 쪽을 지향한다. 그래서 자아를 탐구하고 확보하려는 문화를 자아를 내세우려 하지 않거나 지우거나 잊어버리려는 문화로 바꾸기를 이 글은 전격적으로 제안한다. 이런 제안은 '나'를 중시하는 오늘날의 사람들에게는 거부감을 줄지도 모르겠다. 허나 이런 사람들도 동서양 어느 쪽도 궁극적으로는 자아의 소멸이나 초월을 지향한다는 것을 유념해야 할 것이다.

Contents

제 3 장 동양철학에서는 자아를 어떻게 보았나?

제 4 장 자아도취(Narcissism)

제 5 장 자아실현

제 6 장 자아의 소멸과 초월에 이르는 길

제1장

왜 사람들은 자아를 열정적으로 추구하는가?

한국에 서양문물이 본격적으로 도입되는 시기는 1945년 해방 이후라고 봐야 한다. 서양문물의 도입은 조선 말기에는 제국주의 열강의 필요에 따라 아주 제한된 영역에서만 이루어졌을 뿐이고 그 이후 일제 식민지 시기에도 일본 제국주의의 압제와 수탈의 필요에 맞추어 이루어졌기 때문이다. 그런 점에서 서양문물의 도입기간은 70년 남짓밖에 되지 않는다.

1945년 해방 이후 한국은 서양문물을 정치제도, 경제제도, 교육제도, 과학기술 등 온 분야에 걸쳐 도입하고 수용하였다. 우리는 가난한 후진국을 벗어나 부유한 선진국으로 도약하기 위해서 서양문물을 받아들여 소화하려는 필사적이고 눈물겨운 노력을 기울였다. 그 결과 놀랍게도 우리는 그 짧은 기간 동안에 급속한 경제성장을 이룩하였고 민주주의도 어느 정도 정착시켰으며 문화적으로는 선진국의 문턱에까지 이르렀다.

그러나 서양의 선진국을 따라잡기 위해 서양문물을 부지런히 배우고 따라하다 보니 어느 새 우리는 서양문물의 포로가 되어버렸다. 그래서 우리는 우리 자신도 모르게 서양중심주의[2)]에 물들게 되었다. 그리하여 서양문물을 통해 우리 자신을 규정하고 심지어는 과거 우리 고유의 유산들까지도 서양문물의 시각에서 해석하려고 하였다. 이런 일은 우리가 깨달을 수 없을 정도로 문화적이고 사상적인 영역에까지 심화되어버렸다. 요컨대 우리는 서양문물에 젖어들어 그 문화적이고 사상적인 영역마저도 무비판적으로 당연시하는 지경에 이른 셈이다.

그러나 이제 우리가 그런 태도를 박차고 나와서 새로운 단계로 나아가야 할 시점이 마침내 다가왔다. 만일 우리가 그렇게 하지 않는다면 더 이상의 발전을 기약할 수 없기 때문이다. 한국사회는 오늘날 정치, 경제, 문화 등의 모든 분야에서 한계에 도달한 듯 더 이상 나아가지 못하고 정체되어 있다. 오늘날 우리는 한국사회를 지옥이라고 부르지 않는가. 짧은 기간 동안에 서양문물을 수용하여 선진국을 거의 따라잡은 것만 해도 대단한 일이긴 하다. 하지만 이제 서양문물의 무비판적 수용은 끝장낼 때가 온 것 같다. 좀 더 근본적인 차원에서 서양문물의 수용을 반성해보아야 한다.

문화적이고 사상적인 분야에서 서양문물의 무비판적 수용을 잘 드러내고 있는 사례들 중의 하나는 자아와 자아실현 개념일 것이다.[3] 그러면 자아와 자아실현이라는 용어를 먼저 검토해보자.

국립국어원의 『국어대사전』에서 자아(ego)는 "대상의 세계와 구별된 인식・행위의 주체이며, 체험내용이 변화해도 통일성이 지속하며, 작용・반응・체험・사고・의욕의 작용을 하는 의식의 통일체"라고 정의한다. 그리고 자아는 자기(self)[4]와 같은 말이기도 하다. 물

2) 서양중심주의란 데리다가 서양철학의 거장들인 플라톤, 헤겔, 후설 등의 철학을 해체하면서 사용한 용어이다. 서양이 세계의 중심이며 서양문화가 모든 문화의 전범이라는 뜻이다. 유럽중심주의(eurocentrism)라고도 한다.

3) 서양의 자아 개념을 비판적으로 수용하려는 시도들이 있긴 있었지만 의욕만 앞섰지 시야도 좁았으며 성과도 별로 없었다.

론 심리학에서는 자아는 의식의 영역에 머물기 때문에 무의식을 포함하는 자기가 더 포괄적인 개념이다. 특히 분석심리학의 창시자 융은 자아와 자기 개념을 확실하게 구분하고 그 차이를 강조하였다. 게다가 오늘날 심리학에서도 자아심리학도 있고 자기심리학도 있어서 자아와 자기가 엄연히 구분된다. 그러나 일상적으로는 자아는 자기와 같은 말로 사용되고 철학에서도 대체로 자아를 문제로 삼지 자기를 문제 삼지 않는다. 따라서 여기서는 자아는 자기와 구분되긴 하지만 서로 바꿔 쓸 수 있는 용어로 간주하겠다.

자아실현은 영어 self-realization을 번역한 말이다. 이렇게 번역될 수도 있지만 자기실현이라는 번역이 더 정확한 듯하다. 게다가 심리학에서는 자아의 발달이라는 말은 성립할 수 있어도 자아의 실현이라는 말은 성립할 수 없다. 그렇기 때문에 자기실현이 더 적절한 용어라고 말할 수 있을 것이다. 그렇지만 일상적으로 자아실현이라는 용어가 널리 사용되어 이미 정착되어 있다. 그리고 심리학에서 자기란 의식과 무의식을 포괄하는 전체로서의 '나'이지만 의식의 중심에 있는 자아라는 '나'의 연장선상에 있다. 자기와 자아 둘 다 '나'이며 나를 보는 관점에서 구분될 뿐이다. 번역상의 차이에 불과한데도 자칫하면 자아실현이 자기실현과 다른 것으로 여겨질 수도 있을 것이다. 그런 맥락에서 여기서는 자아실현이라는 용어로 가급적 통일해 사용하겠다.

우리는 자아가 있음을 별로 의심하지 않고 당연한 것으로 간주한다. 그리고 자아는 자기 동일적인 것이며 통일적 정체성이 있다고 생각한다. 이런 자아 개념은 서양에서 벌써 확립되었다. 데카르트는

---

4) Self를 자아라고 번역하기도 한다. 그러다 보니 self-realization이 자아실현으로 번역된 듯하다.

17세기에 방법적 회의를 통해서 자아 개념을 이미 확보했다. 우리는 그 때문에 자아를 의심할 필요도 없고 의심하려고 하지도 않는다. 그러다가 푸코나 데리다 같은 철학자들이 20세기 말에 '주체의 죽음'이나 '인간의 죽음'을 선언하고 불투명하고 자기 동일적이지 않은 자아 개념을 재구성하려고 하였다. 이때에도 우리는 서양의 사상적 흐름에 뒤질세라 그 뒤꽁무니를 부지런히 쫓아다니며 불투명하며 자기 동일적이지 않은 자아나 타자를 자랑스럽게 외쳐댔다. 그러나 우리가 언제 서양적 의미에서 주체(자연과 세계를 지배하려는 주체)였던 적이 있었거나 주체 개념을 발명한 적이 있었던가. 주체 개념은 서양에서 빌려온 것이 아니던가.

심지어는 동양철학까지도 서양철학의 자아라는 개념에 입각해서 해석하려고 시도하기도 했다. 그러나 이런 시도들은 혼란을 가중시키고 동양철학을 왜곡시킬 수 있을 것이다. 동양에는 자아가 철학의 원리로서 중시되지도 않았고 실체나 주체로서 추상화되어 간주되지도 않았기 때문이다. 그럼에도 불구하고 우리는 서양철학의 자아 개념을 거의 무비판적으로 받아들여 왔다. 그러므로 오히려 우리는 자아 개념 자체를 문제로 삼아야 하지 않을까.

자아실현의 문제는 자아의 문제보다도 더 심각하다. 우리에게는 다행히도 불교와 같이 자아를 지우려는 문화적 풍토가 있기 때문에 의심의 눈초리로 자아 개념을 바라볼 수도 있다. 그러나 자아실현은 동양철학에는 생소한 개념이므로 아무런 의심 없이 수용될 수 있다.

자아실현 개념은 우선 철학적으로 본다면 가능태(dynamis)와 현실태(energeia)를 다룬 아리스토텔레스의 형이상학에 바탕을 둔다. "이것은 집을 짓고 있는 사람이 집을 지을 수 있는 사람에 대해 ……

'밑감(재료)에서 모습을 띠고 나온 것'이 밑감에 대해, 그리고 가공된 것이 가공되지 않는 것에 대해 맺는 관계와 같다. 이 차이가 나는 두 상태 중 한쪽은 '에네르게이아'(energeia, 발휘·실현상태)라고 하고 다른 쪽은 '디나미스'(dynamis, 잠재·가능상태)라고 규정한다."[5] 이런 점에서 자아실현이란 자아의 잠재된 가능성을 최대한 실현하는 과정을 가리키는 개념이다. 이런 식의 자아실현 개념은 인간의 소질이나 재능을 최대한 계발하려는 자아실현 개념으로 이어질 수 있다. 이런 개념은 교육의 목표로 설정될 수 있을 뿐만 아니라 경영에도 적용될 수 있다. 그래서 이런 자아실현 개념은 자기 계발서의 단골 주제가 된다.

더 나아가서 자아실현 개념은 큰 나(大我)로 거듭나거나 참된 나(眞我)를 찾아나서는 과정을 가리키는 개념으로도 이해된다. 바꾸어 말해, 자아실현이란 개인의 작은 나를 공동체의 우리로 넓히거나 거짓된 나를 떨쳐버리고 참된 나를 찾아나서는 과정이 될 것이다. 이런 식의 자아실현 개념은 교육학이나 심리학 등에서 사용된다. 또한 그것은 동양철학에도 적용될 수도 있을 것이다.

그러나 이런 자아실현 개념들은 자아를 실체나 주체로서 미리 전제한다. 이와는 반대로 동양의 문화에서는 그렇지 않다. 더욱이 동양의 문화에는 자아를 탐구하고 확보하거나 자아를 발견하려는 경향이 애당초 없었다. 의식이나 무의식이라는 개념 또는 의식과 무의식의 구분조차 없지 않았던가. 그렇다면 자아실현 개념을 동양의 문화에 적용하려는 시도는 상당히 약화될 수밖에 없다. 그러므로 이러한 시도, 다시 말해 자아 개념을 동양의 문화에 적용하려 하거나 『논

5) 아리스토텔레스, 『형이상학』, 김진성 역주, 이제이북스, 2010, p.388.

어』, 『심우도』, 『도덕경』 등을 자아실현 개념에 입각해 해석하려는 시도는 좀 무리한 일이 아닐 수 없을 것이다.[6)]

그러면 사정이 이러함에도 불구하고 왜 우리들은 열정적으로 자아를 추구할까? 여러 가지 이유가 있겠지만 세 가지 측면에서 살펴보도록 하자.

첫째로, 사람들은 누구나 자아를 탐구하고 확보하려는 선천적인 경향이 있기 때문이다.

칸트에 따르면, 우리가 대상을 인식할 때 대상이 우리에게 드러나는 대로만 인식할 뿐이지 대상 자체, 즉 물 자체를 인식할 수는 없다. 우리는 그것을 생각할 수만 있다. 그렇다고 해서 우리는 물 자체의 인식을 포기하려고 하지는 않는다. 물 자체를 인식하려는 경향은 인간의 마음에 뿌리 깊게 박혀 있기 때문이다. 그리고 영혼, 세계, 신, 자유를 인식하려는 형이상학도 물 자체와 같이 인식의 범위를 벗어나지만 우리는 뿌리칠 수 없다. 형이상학을 향한 열정과 마찬가지로 자아를 탐구하고 확보하려는 경향도 인간의 선천적인 열정이다.

불교의 유식철학에 따르면 마음의 가장 깊은 곳에 있는 제8식인 아뢰야식에 아(我)의 종자가 있어서 이 종자 때문에 인간은 끈덕지게 아집에 사로잡힌다. 그리고 신경과학에 따르자면 인간의 뇌는 생존과 적응을 위해서 끊임없이 '나'라는 이야기를 꾸며낸다. 그러므로 인간이 자아를 확보하려는 경향은 선천적임을 알 수 있다.

나에 대한 집착은 인간의 생존본능이자 천성임을 누구나 다 알 수

---

6) 정범모, 『인간의 자아실현』, 나남출판, 1997; 이만갑, 『자기와 자기의식』, 小花, 2002; 이부영, 『자기와 자기실현』, 한길사, 2006을 참고하라.

있고 느낄 수 있을 것이다. 그렇기 때문에 여기서는 그것을 굳이 증명할 필요는 없을 것이다.

둘째로, 자아를 탐구하고 확보하려는 서양문화의 영향 때문이다.

동양에서는 자아를 탐구하고 확보하려는 흐름은 거의 찾아보기 힘들다. 고대인도의 브라만철학에서 아트만(我)을 실체화하여 강조하는 흐름이 나왔지만 이내 석가는 이를 비판하고 무아(無我)를 내세웠다. 유교철학에서도 오륜을 통해서 임금과 신하, 부모와 자식, 부부, 친구, 나이 많은 이와 나이 적은 이 사이의 관계에서 인간을 규정하려고 했기 때문에 자아를 내세울 여지가 없었다. 그리고 도교철학에서는 자아를 해체하려고 하였다.

그 반면에 서양철학에서는 사정이 전혀 다르다. 소크라테스는 '너 자신을 알라'고 말함으로써 인간이 무지를 주체적으로 각성해야 함을 시사했다. 아우구스티누스는 '밖으로 나가지 말고 자신 안으로 들어가라'고 촉구했다. 자아에 대한 이런 관심은 데카르트에 이르러 새로운 분기점을 찍었다. 그는 사유하는 자아를 학문의 출발점으로 삼았다. 그 이후로 자아를 탐구하고 확보하려는 시도가 서양철학에서 줄기차게 이어졌다.

왜 이런 차이가 나타날까? 동서양의 문화 차이 때문일 것이다. 서양에서는 개인의 자주성과 독립성, 즉 개인의 개체성을 중시한 반면에 동양에서는 공동체의 조화와 인간관계를 중시하였다. "동양인들은 상호의존적인 사회에서 살기 때문에 자기(self)를 전체의 일부분으로 생각하지만, 서양인들은 독립적인 사회에서 살기 때문에 자기를 전체로부터 독립된 존재로 여긴다."[7] 이러한 차이는 고대 동서철학에도 고스란히 나타난다. "고대 그리스 철학자들은 우주를 개별적이고 독립적인 사물들의 조합으로 생각했지만 고대 중국 철학자들은 우주를 하나의 연속적인 물질로 간주했다. …… 고대 중국과 그리스 철학자들 사이의 이와 같은 차이는, 놀랍게도, 현대 동양인과 서양인 사이에서도 발견된다."[8]

개인의 자주성과 독립성, 즉 개인의 개체성을 중시하는 서양문화에서는 자아를 실체나 주체로서 확보하려는 사상적 흐름이 나오지 않을 수 없었을 것이다. 그 반면에 공동체의 조화와 인간관계를 중시하는 동양문화에서는 개인의 개성과 자유를 표현하려는 경향은 억제되어 자아를 실체나 주체로 확보하려는 사상적 흐름은 나올 수 없었을 것이다.

오늘날 우리 한국인들은 서양문화의 절대적 영향을 받고 살아가고 있다. 그렇기 때문에 자아를 확보하고 드러내려는 경향은 당연히 거세질 수밖에 없다. 영어에서는 주어를 생략하는 경우가 드물 뿐만 아니라 '나'라는 말을 많이 사용한다. 더군다나 '나(I)'는 대문자로 표기된다. '나'를 강조하고 많이 사용한다는 것은 곧 자아를 확보하고 드러내려는 경향을 뜻한다. 그 반면에 한국어에서는 전통적으로 주어를 많이 생략했을 뿐만 아니라 '나'라는 말을 거의 사용하지 않았다. 그 대신 '우리'라는 말을 사용한다. 이를테면, '우리 집', '우리 마누라', '우리 아들', '우리 엄마'라고 하지 '내 집', '내 마누라', '내 아들', '내 엄마'라고는 하지 않는다. 우리에게는 애당초 자아를 확보하고 드러내려는 문화가 없었다. 그리고 '우리'라는 말을 한국

7) 리처드 니스벳, 『생각의 지도』, 최민천 옮김, 2003, p.79 이하.
8) 앞의 책, p.83.

인들은 아직도 많이 사용하고 있다. 어떤 한국인은 미국에 가서 마누라를 보고 'our wife'라고 소개하는 실수를 하여 미국인 친구들을 즐겁게 해주었다는 일화도 있다. 그렇지만 요즘 들어서 '나'라는 말도 우리 한국인들은 부쩍 많이 사용한다. 이런 현상은 단순히 언어 사용의 문제가 아니라 자아를 확보하고 드러내려는 경향과 연관되어 있다고 볼 수 있겠다. 이런 경향은 서양문화로부터 비롯된 것이다.

셋째로, 오늘날 지구적 자본주의가 자아탐구를 가속화하고 있기 때문이다.

우리는 사적 소유를 경제적 원칙으로 삼는 자본주의사회에서 살고 있다. 그런데 사적 소유는 자본주의사회의 시민적 주체를 구성하는 토대이다. 그리고 자본주의사회에서 시민적 주체란 자아 개념과 직결되어 있다. 그런 맥락에서 자아의 탐구는 자본주의사회의 산물이라고 볼 수 있을 것이다.

특히 지구적 자본주의에서는 경쟁이 심각하다. '무한경쟁'이라는 말이 나올 정도이다. 경쟁이 심화될수록 우리는 시장에서 타자를 그만큼 더 많이 의식하게 되고 나의 '자아'도 타자에 그만큼 더 많이 의존하게 된다. "내게는 정체성이 없다. 타인이 나에게 기대하는 것의 거울상을 빼면 자아란 없다. 나는 '네가 원하는 나'일 뿐이다."[9] 그렇기 때문에 자아의 정체성이나 불변성은 더 이상 설자리가 없어진다. "변치 않는 자아가 있다는 가정은 극도로 의문스럽다. …… 우리의 정체성은 우리 안 깊숙이 숨어 있는 불변의 괴수가 아니다. 정

9) 에리히 프롬, 『나는 왜 무기력을 되풀이하는가』, 장혜경 옮김, 나무생각, 2016, p.103.

체성은 외부세계가 우리의 몸에 새겨 넣은 관념의 집합이다."[10] 그러므로 지구적 자본주의에서는 자아의 정체성이 타자나 외부세계에 의존함에 따라 자아는 그만큼 더 불안정해진다. 그러나 그럴수록 자아탐구는 오히려 더 거세질 수 있다.

지구적 자본주의에서 개화한 디지털 기술도 자아탐구의 가속화에 한몫을 하고 있다. 디지털 기술은 접속, 연결 그리고 소통의 수단으로서 이해되기도 하지만 오히려 자기과시와 자아탐구의 수단이기도 하다. 디지털 기술의 산물인 스마트 폰은 일종의 거울, 즉 디지털 거울[11]과 같은 역할을 한다. 스마트 폰을 끼고 대화하고 검색하고 게임을 하면서 우리는 은밀하게 나를 즐기고 혼자만의 세계에 빠져든다. "디지털 기술은 '이웃사랑의 기술'이 아니다. 그것은 오히려 나르시시즘적 에고 기계임이 드러난다."[12] 더 나아가서, 디지털 기술로 구현된 소셜 미디어도 자아탐구의 경향을 더욱 강화할 뿐만 아니라 자기 과시적 매체다. "오늘날 사회는 점점 나르시시즘적으로 된다. 트위터와 페이스북과 같은 소셜 미디어는 이러한 경향을 더욱 강화한다. 소셜 미디어는 나르시시즘적 매체다."[13]

10) 파울 페르하에허, 『우리는 어떻게 괴물이 되어가는가』, 장혜경 옮김, 반비, 2015, p.17 이하.
11) 사용자의 모든 데이터를 저장하여 보여주고 처리하며 그와 대화할 수 있는 미래의 스마트 폰은 완벽한 디지털 거울이 될 수 있을 것이다. 페드로 도밍고스, 『마스터 알고리즘』, 강현진 옮김, 비즈니스북스, 2016, p.428 이하를 참조하라.
12) 한병철, 『투명사회』, 김태환 옮김, 문학과지성사, 2014, p.181.
13) 앞의 책, p.199.

제2장

서양의 자아 해석

1. 서양철학에서 자아를 확보하려는 흐름

서양에서는 개인을 독립적 인격체로서 간주하는 개체성의 사상이 고대 그리스로부터 있어 왔다. 이를테면, 소크라테스는 '너 자신을 알라'고 그 당시 대중에게 권고하였다. 이 말은 무지를 자각하여 참된 앎을 탐구하라는 뜻이다. 무지의 자각은 개인의 자아성찰로부터 생길 수 있으므로 여기서 개체성의 사상이 나올 수 있다.

그러나 기독교가 서양을 장악한 이후로는 신 중심의 기독교 문화가 고착되었다. 그리하여 교회와 봉건적 신분제도는 고대 그리스에서 싹튼 개체성의 사상을 억압해왔다. 그러다가 신 중심의 기독교 문화와 봉건적 신분제도가 서서히 붕괴되면서 교회의 권위와 봉건적 통치 질서에 저항하는 르네상스와 종교개혁 운동이 대두되었다. 이러한 운동을 통해서 그동안 억압되어 왔던 개체성의 사상이 부활하기 시작하였다.

서양철학에서 자아를 확보하려는 흐름은 이러한 배경을 뒤에 깔고 있다. 그렇기 때문에 이 흐름은 근대 이후에야 치열하게 전개될 수 있었다. 이 글에서는 이 흐름을 데카르트, 칸트, 피히테, 헤겔 그리고 후설로 한정하려고 한다. 이 흐름의 주역이 그들이기 때문이다. 그들은 투명하고 자기 동일적인 자아를 17세기로부터 19세기에 걸쳐서 서양철학사에서 보기 드물게 치열하게 확보하려고 하였다. 20세기에 현상학을 창시했던 후설이 선험적 주관성을 현상학적 환원과 판단중지를 통하여 확보하려고 하였지만 20세기의 흐름은 그런 자아를 해체하려고 하는 흐름이 이미 대세였다.

이 글은 데카르트로부터 시작하여 칸트와 헤겔을 거쳐 후설로 이어지는 자아 탐구와 확보의 흐름을 치밀하게 재구성하려고 하지는 않을 것이다. 이미 그런 시도는 서양철학사를 통하여 많이 이루어졌기 때문에 여기서 그런 시도를 반복하는 일은 별로 의미가 없으리라. 그 대신에 이 글은 이런 자아 탐구와 확보의 흐름을 상대화함으로써 이 흐름이 서양문화의 틀 안에서 가능한 사상적 경향임을 부각시킬 것이다.

1) 데카르트

그는 근대철학의 출발점을 마련한 합리론의 선구자로서 칭송받기도 하지만 기계론적 세계관을 만들어낸 원흉으로서 오늘날 비판받기도 한다. 그에 대한 칭송과 비판은 다 같이 그가 내세운 철학의 제1원리인 '나는 생각한다, 그러므로 나는 존재한다(cogito ergo sum)'라는 명석판명한 명제로부터 비롯된다. 그가 이 명제로부터 연역해낸 자기 동일적이고 투명한 자아는 온갖 학문의 확고부동한 출발점이면서 이성에 의한 자연 지배의 초석이자 거점이었기 때문이다.

고대 그리스의 수학자인 아르키메데스는 '나에게 설 자리를 달라,

그리하면 지구를 움직이리라'고 외쳤다. 이와 같이 데카르트는 아르키메데스의 점과 같은 학문의 출발점을 마련하려고 하였다. 이 출발점은 조금도 의심할 여지가 없는 확고부동한 출발점이 되어야 한다고 그는 생각했다. 그는 이를 찾기 위해서 그 유명한 방법적 회의의 길에 들어섰다. "이미 여러 해 전에 나는 깨달은 바 있다. 어릴 적부터 나는 많은 거짓된 것을 참된 것으로 받아들여 왔고, 그 후 내가 그것들 위에 세운 것은 극히 의심스러운 것이므로 학문에 있어서 언젠가 확고부동한 것을 세우려고 한다면 일생에 한 번은 전에 받아들였던 모든 의견을 송두리째 무너뜨리고 처음부터 토대를 쌓기 시작해야 한다고."[14)]

우선 외부세계에 대한 몸의 감각은 어떠한가? 우리가 보는 태양의 크기는 태양의 실제 크기가 아니다. 우리가 눈으로 보는 물의 깊이도 물의 실제 깊이가 아니다. 그렇기 때문에 몸의 감각은 종종 틀릴 때가 많아 의심스럽다. 더 나아가서 자연학, 천문학, 의학 등도 복합적인 것들을 고찰하기 때문에 역시 의심스럽다. 그렇다면 2 더하기 3은 5라든가 4각형은 네 변밖에 없다는 수학적 명제는 분명히 참이 아닌가? 그에 따르면 선한 하나님이라도 우리를 속일 수 있기 때문에 하나님이 우리를 잘못하도록 유도하여 우리가 속고 있을 수도 있다.

그렇다면 내가 지금 바로 따뜻한 난로 앞에서 책을 읽고 있다고 치자. 이건 의심할 수 없는 사실 아닌가? 이런 의문에 대해서도 교활하고 유능한 악령이 우리를 기만하여 우리를 착각에 빠뜨릴 수 있다고 그는 지적했다. 그렇지만 이 악령의 기만책도 생각하는 우리의 현존이 없다면 가능하지 않다. 따라서 우리가 생각하는 한 인간은

---

14) 데카르트, 『방법서설 · 성찰』, 최명관 옮김, 창, 2010, p.155.

존재, 현존하지 않을 수 없다. 그리고 여기서 생각하는 존재란 단순히 추론하는 존재를 의미하는 게 아니다. 그것은 의심하고 이해하고 긍정하고 부정하며 의지하고 상상하며 감각하는 의식적 존재를 의미한다.

"이리하여 때때로 감각이 우리를 속이기 때문에, 감각이 믿음 속에 그려주는 대로 있는 것은 아무것도 없다고 상상하려 하였다. 그리고 기하학의 가장 단순한 문제에 관해서도 추리를 잘못하여 여러 가지 오류추리를 하는 사람들이 있으므로, 나도 다른 누구 못지않게 잘못에 빠질 수 있다고 판단하고 내가 전에 논증으로 모았던 모든 추리를 잘못된 것으로 버렸다. …… 그러나 금방 그 뒤에, 그렇게 모든 것이 거짓이라고 생각하고 싶어 하는 동안에도 그렇게 생각하는 나는 반드시 어떤 무엇이어야 한다는 것을 깨달았다." 따라서 '나는 생각한다, 그러므로 나는 존재한다'는 진리는 학문의 확고부동한 출발점으로서 철학의 제1원리가 된다.

데카르트가 찾아낸 이 자아는 실체이다. 그는 무한한 실체인 신과는 별도로 정신과 물체라는 유한한 두 실체를 가정했다. 정신은 사유하는 실체인 반면에 물체는 연장하는 실체이다. 연장하는 실체인 물체는 가분적(可分的)이지만 사유하는 실체인 나는 정신으로서 가분적이지 않아 단일하다. 그리고 그것은 명석하고 판명한 것이므로 투명한 자아이기도 하다.

그가 감행한 방법적 회의는 의심할 여지가 없는 학문의 출발점을 찾기 위한 과감한 사고실험이자 사유의 모험으로 일단 간주될 수 있다. 하지만 그의 방법적 회의는 언뜻 보기에도 좀 과장되고 억지스럽게 보인다. 게다가 그는 방법적 회의를 통해 자아의 확실성은 확보하였지만 세계의 확실성은 신의 자비에 맡겨 보증하려고 하였다. 그런 점에서 그는 스콜라철학의 영향을 완전히 벗어나지 못했을 뿐만 아니라 그의 방법적 회의는 철저하지도 못했다고 할 수도 있을 것이다.

이러한 한계에도 불구하고 그는 수학적 점과 같은 자아라는 추상적 개념을 창시한 선구자였을 뿐만 아니라 자아를 이렇게 확보하려는 그의 작업은 서양철학, 더 나아가 서양문화에서 하나의 전범으로 자리 잡았다. 그리고 그 이후에 서양철학에서 자아를 확보하려는 엄청난 노력이 뒤따랐음을 우리는 잘 알고 있다. 이런 점에서 자아를 향한 그의 탐구는 동양철학과는 상반되는 서양철학의 흐름을 선도했다고 할 수 있을 것이다.

2) 칸트

서양철학에서 데카르트에 이어 자아를 세계의 중심으로 삼았던 사상가는 바로 칸트다. 그는 철학의 코페르니쿠스적인 전회를 통해서 인식에서 대상이 중심이 되어야 함을 부정했다. 인식 주관이 대상 둘레를 돈다면 인식에서 대상이 중심이 된다. 그러나 인식이 주관의 선험적 형식에 따라 성립한다면 선험적 자아가 세계의 중심이 될 수 있다.

칸트는 자아가 아르키메데스적인 점과 같다는 데카르트의 견해를 일단 받아들였다. 그렇지만 칸트는 데카르트의 사유하는 실체도 거부했을 뿐만 아니라 방법적 회의를 통해 나온 '나는 생각한다, 그러므로 나는 존재한다'는 데카르트의 명제도 동어 반복적이라고 비판하였다. 그러면서도 그는 경험적 자아를 넘어선 선험적 자아를 인식 비판적으로 확보하려고 하였다. 경험적 자아는 경험의 내용에 따라 달라지므로 단일하지도 않고 자기 동일적이지도 않다. 게다가 그것은 사람에 따라서도 달라지므로 누구에게나 보편적일 수도 없다. 그래서 그는 경험적 자아에 앞서고 경험적 자아를 넘어서는 자아, 즉 필연적이고 보편적인 타당성이 있는 선험적 자아를 시유 활동성을 통해 확보하려고 하였다.

그는 인간의 인식이란 경험으로부터 출발하지만 경험만으로 성립하는 게 아니라 인식 주관의 선험적 형식을 통하여 성립할 수 있다고 보았다. 인식 주관의 선험적 형식은 크게 보아서 감성적 직관의 형식인 시간과 공간, 오성의 범주가 있다.

감성적 직관을 통해 들어오는 잡다한 감각 자료들은 일단 시간과 공간이라는 형식의 조건에 따른다. 하지만 이러한 직관이 '내가 생각한다'고 하는 하나의 의식에 의해 결합되어 통일되지 않는다면 인간의 자아는 다채로운 경험적 자아에 머물고 말 것이다. "**내가 생각한다**고 함은 나의 모든 표상에 수반될 수 있어야 한다. …… 나는 이 [自我] 표상을 **순수 통각**이라고도 부른다. 그것은, 자기 외의 것에서 끌어내질 수 없는 자기의식이기 때문이다."[15] 그러고 나서 이 통각에 근거하여 감성적 직관의 잡다한 감각 자료들은 오성의 종합작용에 의해서 범주에 따라 결합되고 종합된다. 그럼으로써 우리의 의식은 혼란에 빠지지 않고 선험적인 통일을 획득할 수 있게 된다. 예컨대 우리는 그 덕분에 어떤 사건을 인과관계에 바탕을 두고 통일적으로 파악할 수 있다.

---

15) 칸트, 『순수이성비판』, 최재희 옮김, 박영사, 2001, p.145.

이 선험적 통일은 주관적 통일에 불과한 경험적 통일이 아니다. 의식의 경험적 통일은 상황에 따라 잡다한 감각 자료들을 결합하는데 불과하기 때문에 필연적이고 보편적인 타당성이 결여되어 있기 때문이다. 의식의 경험적 통일에 앞서는 선험적인 자기의식, 즉 순수 통각을 전제해야만 필연적이고 보편적인 타당성을 지닌 근원적 통일이 이루어질 수 있다. 바꾸어 말하자면, 경험적 자아에 앞서고 경험적 자아를 넘어서는 선험적 자아가 전제되어야만 일사불란한 객관적 인식이 성립될 수 있는 셈이다. 그런 맥락에서 이 선험적 자아는 단일하고 자기 동일적이며 통일되어 있지 않을 수 없다.

그런데 칸트에 따르면 우리의 인식은 현상의 영역에 한정되고 물 자체에까지는 뻗쳐나갈 수 없다. 우리는 직관의 형식인 시간과 공간, 오성의 사유형식인 범주라는 조건에 따라 인식할 수밖에 없기 때문에 우리에게 나타나는 대로의 현상만을 인식할 수 있을 뿐이고 물 자체는 인식할 수도 설명할 수도 없기 때문이다.

그리고 이와 마찬가지로 자아도 우리에게 나타나는 대로의 현상만 인식할 수 있을 뿐이지 자아 자체는 인식될 수 없다. "이래서 자기의식은 아직도 도저히 자기 인식은 아니다."[16] 다시 말해서, 선험적 자아 자체는 물 자체처럼 그것이 있음을 생각할 수는 있지만 인식할 수는 없는 셈이다. 따라서 칸트철학에서 자아 자체의 인식은 불가능하므로 자아의 확보는 충분하지 않다. 그럼에도 불구하고 칸트철학에서는 자아는 보편적이며 인식과 세계의 중심이므로 철학의 토대가 된다.

---

16) 앞의 책, p.158.

3) 피히테와 셸링

피히테는 칸트의 비판철학에 나오는 선험적 자아(통각)의 사상을 발전시켜 자아철학을 완성하였다. 그의 자아철학만큼 자아를 삶과 학문의 중심에 놓은 철학은 없을 것이다. 그의 철학에서는 자아가 세계와 지식의 궁극적인 토대이자 근거이기 때문이다. 이런 점에서 그는 사유하는 자아를 아르키메데스적인 점으로 삼은 데카르트를 충실히 계승했다고 볼 수 있다.

그런데 데카르트의 철학에서는 자아의 확실성은 방법적 회의를 통해 확보되지만 세계의 확실성은 신의 보증이 요구된다. 그 반면에 피히테의 철학에서는 자아가 세계와 같은 비아(非我)를 정립한다. 그리하여 그는 자아의 순수한 활동성에 기반을 두고 자아의 왕국을 철학적으로 구축했다고 볼 수 있다.

그는 자아의 순수한 활동성을 지식론의 세 원칙에 따라 전개하고 완성한다.

첫째로, "**자아는 단적으로 그 자신의 존재를 근원적으로 정립한다.**"[17]: 정(正)

여기서 자아란 주체로서의 자아와 반성의 대상(객체)로서의 자아로 분열된 자아가 아니라 주체와 객체의 동일성을 뜻한다. 자아는 그 자신의 자기 정립을 통해서 존재하므로 활동적인 것이면서도 동시에 이 활동에 의해 산출된 것이기도 하다. 그러므로 '나는 나다'라는 동일성의 명제로도 제1원칙은 표현될 수 있다. 그리고 그는 이런 자아를 절대적 자아라고 불렀다.

---

17) 피히테, 『전체 지식론의 기초』, 한자경 옮김, 서광사, 1996, p.24.

둘째로, "근원적으로 자아 이외에는 아무것도 정립되지 않았으며, 따라서 오직 자아만이 단적으로 정립된 것이다. 그러므로 오직 자아에만 단적으로 대립될 수 있다. 그리고 자아에 대립된 것은 **비아**이다."[18]: 반(反)

자아는 자기 정립에만 머물러서는 결코 타자에 대한 지식에 도달할 수 없다. 그러므로 자아는 비아라는 타자를 매개로 삼아 그것과 대립함으로써 비아를 정립해야 한다. 그러나 자아가 비아와 대립함으로써 그것을 정립한다면 그 자신을 지양하는 쪽으로 나아가게 된다. 그렇다면 자아는 그 자신을 정립하는 활동을 하면서 동시에 자신을 지양하는 활동을 하는 셈이다. 이것은 모순이다. 이러한 모순을 해소하기 위해서 피히테는 분할 가능성이라는 개념을 드러내는 제3원칙을 내세웠다.

셋째로, "**자아는 자아 안에서 가분적 자아에 대해 가분적 비아를 대립시킨다.**"[19]: 합(合)

이 원칙에서 자아는 비아에 의해 제한되고 비아는 자아에 의해 제한된다. 피히테는 이러한 상호제한에서 자아와 비아의 대립이 분할 가능성이라는 개념을 통해 통합될 수 있다고 보았다.

우리는 자아 활동이 이루는 종합의 계기가 어설프다고 여기서 지적하고 싶지는 않다. 우리의 관심은 어디까지나 자아이기 때문이다. 앞에서 우리가 살펴보았듯이, 자아 활동의 정—반—합이라는 세 계기는 자아라는 큰 무대를 결코 떠나서 전개되지 않는다. 이로부터 미루어 보자면 자아 활동은 자아 자신으로부터 나와서 끊임없이 그

18) 앞의 책, p.31.
19) 앞의 책, p.38.

자신으로 돌아간다고 볼 수 있다.

셸링은 나중에 절대자의 철학으로 전향했지만 20살에 『철학의 원리로서의 자아』를 썼을 당시만 해도 그는 피히테의 충실한 학도였다. 그는 피히테와 마찬가지로 칸트철학을 비판하면서 절대적 자아를 철학의 최고 원리로 삼았다. 칸트철학에서는 어떤 하나의 원리에 따라 감성적 직관의 형식인 시간과 공간은 설명되지 않았고 오성의 형식인 범주도 정리되지 않았다고 그는 비판하였다. 또한 직관의 다양성을 종합하여 판단하는 근원적인 종합도 의식의 통일성이라는 원리에 의해 규정될 수 있음에도 불구하고 칸트는 이 원리를 전제하고만 있을 뿐 해명하지 않았다고 비판하였다.

그런데 이 원리는 철학의 최고 원리로서 온 철학을 근거 짓는 무제약적인 것이 되어야 한다. 왜냐하면 이 원리는 철학의 최고 원리이니 어떤 다른 것도 그것을 제약하거나 규정해서는 안 되기 때문이다. 바로 그런 원리란 절대적 자아다. 그리고 이 절대적 자아는 '나는 나다'라는 순수한 동일성의 형식으로 표현될 수 있다. 왜냐하면 만일 자아가 순수하게 자기 동일적이 아니라면 그것은 자기 자신에 의해 정립되지 못해서 어떤 다른 것에 제약되기 때문이다.

셸링에 따르면 이 자아는 경험적 자아도 아니고 논리적 자아도 아니다. 경험적 자아는 의식과 대상의 분리를 전제하므로 대상에 제약될 것이고, 논리적 자아는 'A는 A다'라는 사유 통일성의 형식적 원리에 불과하므로 추상적이기 때문이다. 그리하여 그것은 절대자로서 경험적으로 감성적 직관에서 규정되거나 개념적으로 파악되거나 할 수 있는 게 아니라 지적 직관에서 규정 가능한 것이다.

그리고 이 절대적 자아는 '나는 나다'라는 순수한 동일성으로서 정립되기 때문에 도리어 동일성의 모든 형식(A=A)을 근거 짓는다. 왜냐하면 만일 이 형식이 이 자아에 선행한다면 이 형식이 이 자아 외부에 정립되어 이 자아를 객체로서 규정할 것이기 때문이다. 또한 그것은 경험적 자아와 자기의식의 실질적 근거도 된다. "왜냐하면 절대적 자아가 근원적으로 자기 자신에 의해서 절대적 힘으로부터 순수 동일성으로서 정립되지 않았다면, 당신의 경험적 자아는 결코 자기의 동일성을 구하고자 노력하지도 않았을 것이기 때문이다."[20] 이로써 셸링 철학에서 자아에게 절대적 권력이 주어진다.

이와 같이 서양 근대에서 자아를 향한 열정은 피히테와 젊은 셸링에서 그 정점을 찍었다. 하지만 이 열정은 헤겔의 정신철학에서도 이어진다.

4) 헤겔

칸트에 따르면 자아는 물 자체이므로 우리가 그것을 생각할 수는 있어도 인식할 수는 없다. 그 반면에 헤겔은 정신이 자기를 인식할 수 있다고 보았다. 정신이 자기를 인식하는 과정에서 자아는 개념적으로 파악된다.

헤겔은 자아보다는 정신에 중점을 두었으므로 피히테의 절대적 자아를 절대적 정신으로 대체하긴 했다. 하지만 그는 정—반—합으로 전개되는 피히테의 자아 변증법을 수용하였다. 그에 따르면 정신의 개념은 자기로부터 나와서 자기로 돌아가는 구조를 갖는다. 이런 구조는 즉자(an sich)-대자(für sich)-즉자대자(an und für sich)로 형

---

20) F. W. J. 셸링, 『철학의 원리로서의 자아』, 한자경 옮김, 서광사, 1999, p.54.

식화된다. 바꾸어 말하자면, 정신은 자기(sich)를 떠나 운동하지 않는 셈이다. 그러므로 정신이란 자기의 원환적 체계 안에 운동한다. 이런 점에서 "헤겔의 철학은 자기의 사상에 중심을 둔다."[21)]

헤겔은 『논리학』의 「개념론」, 『정신현상학』의 「자기의식」, 『법철학』의 「추상적 법」에서 자아를 주제로 삼아 구체적으로 다루었다. 차례대로 간단히 살펴보자.

헤겔은 『논리학』의 「개념론」에서 자아에 대한 칸트의 공적, 즉 통각의 근원적이고 종합적인 통일을 우선 칭찬한다. "**개념의 본질**을 이루는 **통일**이 **통각의 근원적이며 종합적인 통일**로서, '**내가 사유한다**'거나 자기의식의 통일로서 인식된다는 것은 이성비판에서 찾아볼 수 있는 가장 심오하고도 올바른 통찰에 속한다."[22)]

칸트가 찾아낸 선험적 자아란 자기 동일적이고 추상적이므로 보편적인 자아이면서도 개별적인 인격성을 갖춘 자아이기도 하다. 헤겔은 칸트의 이런 견해에 동의하면서도 칸트철학의 형식주의를 비판하였다. 그에 따르면 자아는 대상을 사유하면서 그것에 침투하여 제 것으로 만들어야 그것을 있는 그대로 인식할 수 있다. 그러나 칸트철학은 감성적 직관의 잡다함이 빚어내는 위력에 위축되어 자기의식의 통일과 오성의 형식을 대상에 외적으로 부가했을 뿐이다. 그렇기 때문에 인식은 표상의 수준에 갇히고 말아 물 자체에까지 뚫고 들어가지 못하고 현상의 영역에 머물고 말았다. 자아 자체도 우리가 사유할 수만 있었을 뿐 인식할 수는 없었다. 그렇기 때문에 정신의 자기 인식이란 칸트철학에서는 성립할 수 없었다.

---

21) C. Hackenesch, *Die Logik der Andersheit*, athenäum, 1987, S.1.
22) G. W. F. Hegel, *Wissenschaft der Logik* 2, Felix Meiner Verlag, 1975, S.221.

헤겔이 1807년에 발간한 『정신현상학』은 정신이 자기를 인식하거나 실현하는 여정을 서술한 텍스트이다. 『정신현상학』은 「의식」, 「자기의식」, 「이성」, 「정신」의 4장으로 구성되는데 「의식」에서 헤겔은 감각, 지각, 오성 등을 다루었다. 거기서 그는 자연적 대상의 인식만을 다루었을 뿐이다. 「자기의식」에서 그는 자기의식의 성립, 즉 자아의 성립은 타자의 계기가 필수적임을 지적하였다. 이런 점은 칸트 철학에서는 결코 나올 수 없는 헤겔의 독자적인 공헌이다.

자기의식은 복잡한 개념이 아니다. 그것은 '나는 나다'라는 추상적이며 동일적인 명제로 표현된다.[23] 간단하게 말해서, 그것은 '나는 나다'임을 의식하는 것이다. 그런데 이런 자기의식은 저 홀로 성립될 수 있는 건 아니다. 바꾸어 말하자면, 그것은 자기와의 통일, 자기 동일성을 자신으로부터 구할 수 없다. 그것은 타자(다른 자기의식)를 통해 자기와의 통일, 자기 동일성을 추구하는 반성적 운동을 행함으로써 자신이 독자적 존재임을, 즉 나는 나임을 확신하려고 한다. 그리고 이러한 확신은 자연적 대상에 의존하지 않으므로 그것을 부정함으로써 나올 수 있는 게 아니다. 따라서 그것은 오로지 타자로부터 자신이 독자적 존재임을 인정받음으로써 자신을 독자적 존재로서 확신할 수 있다. 이렇게 본다면 타자는 자기의식을 성립시키는 계기가 된다. 그러나 「자기의식」 단계에서 벌어지는 인정투쟁은 인정을 받는 주인과 인정을 받지 못하는 노예의 관계로 귀결되어 일방적으로 끝난다. 그렇기 때문에 「자기의식」 단계에서는 자기의식끼

---

23) "그렇다면 당신은 도대체 누구인가? 이 표현은 너무나 애매한 의미들에 개방되어 있어서 대기시켜 놓는 편이 낫다. …… 그러나 당신의 정체성을 말해보라. 유일하게 진실한 대답은 당신 자신, 그저 당신 자신이라는 대답이다."(미셸 세르 외, 『정체성, 나는 누구인가』, 이효숙 옮김, 알마, 2013, p.141) 이와 같이 인간의 자기의식도 나는 나라는 공허한 명제로 표현된다.

리의(나와 타자 사이의) 상호인정은 실패로 끝난다. 이런 상호인정은 『정신현상학』의 마지막 장인 「절대정신」에서 비로소 이루어진다.

헤겔은 『법철학』에서도 자아의 주제를 다루지만 법적인 관계에서 소유와 관련하여 다룬다. 『정신현상학』의 자기의식은 인정투쟁의 와중에 있지만 『법철학』의 자아는 이미 인정된 객관적 자기의식으로서 출발한다. 그는 『법철학』의 「서론」에서 의지의 자유를 증명하는 변증법을 전개하였는데, 이 변증법에서 그는 자아를 세 단계로 전개시켰다.

『정신현상학』의 자기의식과 마찬가지로 『법철학』에서 우선 자아는 사유하는 순수한 활동성으로서 자기를 고수하는 보편적인 것이다. "자아는 사유하는 것이며 동시에 보편적인 것이다. 내가 나·자아라고 말하면서 나는 성격, 소질, 식견, 연령과 같은 특수성을 모두 다 떨쳐내 버린다. 자아는 완전히 비어 있고 점처럼 단일한 가운데 이 단일성 속에서 내가 활동하는 것이다."[24] 앞에서 언급했다시피, 데카르트는 자아를 사유하는 실체로서 간주했을 뿐만 아니라 아르키메데스적인 점이라고 보았다. 그런 점에서 헤겔은 데카르트의 견해를 일단 계승하였다고 할 수 있다.[25]

피히테의 자아 변증법에서와 마찬가지로 『법철학』에서도 자아는 추상적이고 무규정적인 상태에 머물러 있지 않다. 자아는 자기를 고수하는 보편적인 것이 더 이상 아니라 자신을 한정해서 자기를 타자

24) 헤겔, 『법철학』, 임석진 옮김, 한길사, 2008, p.72.

25) 자아를 수학적인 점으로 간주한 철학자들은 데카르트를 비롯해 피히테와 헤겔 등이다. 21세기의 과학철학자 데닛도 데카르트의 의식철학을 비판했으면서도 자아를 수학적인 점으로 간주했다. "그렇다면 자아는 무엇일 수 있을까? 나는 자아가 무게중심과 같은 '종류'의 것이라고 제안한다. …… 무게중심은 원자나 분자가 아니라 수학적 점이다."(대니얼 데닛, 『직관 펌프』, 노승영 옮김, 동아시아, 2015, p.406) 서양철학에서 자아를 둘러싼 데카르트의 영향력이 건재함을 알 수 있다.

로 정립해야 한다. "이런 가운데 자아는 또 구별 없는 무규정성에서 구별이나 한정이나 특정한 내용과 대상의 정립으로 이행한다."[26]

마지막 단계에서 자아는 자신에 깃든 내재적 부정성에 따라 자기 자신에 대해 부정적 관계를 맺음으로써 스스로 결정한다. 이리하여 자아는 의지의 자유에 비로소 도달한다. "여기서 자아는 스스로 결정하고 일개인으로서 자기 자신을 부정하면서 자기를 한정하되 …… 한정된 내용을 받아들이면서도 자기통합을 이어나간다."[27] 다시 말해서, 자아는 타자에 의해 한정 받으면서도 자기를 고수하는 보편적인 것인 셈이다. 그런데 피히테의 경우에는 타자의 부정성이 자아에 내재하지 않았다. 그렇기 때문에 피히테의 자아 변증법은 종합이 절충적일 뿐이어서 헤겔이 보기에 만족스럽지 못했다.

의지의 자유에 도달한 『법철학』의 자아는 법률적 관계에서는 인격으로 등장한다. 이 인격은 나를 자각하는 자유로운 개별자로서 생명과 육체를 지니고 물건을 소유하는 구체적 자아, 바로 이 사람이다. 그런데 인격은 물건의 소유를 통해서 구현될 수 있으므로 물건의 소유로 필연적으로 나아가지 않을 수 없다. 바꾸어 말하자면, 내가 있어야 내 것도 있다는 말이다. 이와 같이 헤겔은 인격을 통해 물건의 소유를 정당화하였다. 그러나 이 말을 거꾸로 뒤집는다면 내 것이 없으면 나도 없고 인격도 없다는 말이 나올 수도 있을 것이다.

『법철학』의 자아는 시민사회에서는 구체적 인격으로서 등장한다. 이런 자아는 이기주의에 사로잡혀 타인을 이용해서 자신의 욕구를 충족시키려고 한다. 이 자아의 이기주의는 공동체를 파괴할 수 있는

26) 앞의 책, p.78.
27) 앞의 책, p.81.

힘으로 작동할 수 있긴 하지만 공동체를 이루는 계기가 된다고 보았다. 이런 점에서 그는 자아를 시민사회의 긍정적 계기이자 바탕으로 보았다.

5) 후설

후설은 그의 저서 『데카르트적 성찰』에서 “밖으로 나가지 말고, 너 자신 속으로 들어가라. 진리는 인간의 마음속에 깃들여 있다”는 아우구스티누스의 말로 끝맺음하였다. 이 말은 자기 성찰을 촉구하는 말인데, 소크라테스가 즐겨 인용했던 델포이 신전의 신탁 “너 자신을 알라”는 말로 거슬러 올라갈 수 있을 것이다. “너 자신을 알라”는 신탁은 소극적으로 보아서 무지의 자각을 의미하지만 적극적으로 보아서 진리의 탐구는 자기로부터 시작되어야 한다는 의미로도 해석될 수 있을 것이다. 그렇다면 자기 성찰이란 서양철학에서 전통적으로 고대 희랍의 소크라테스로부터 출발해서 중세의 아우구스티누스와 근세의 데카르트와 칸트를 거쳐 20세기의 후설로 이어진다고 할 수 있을 것이다.

후설은 현상학을 통하여 선험적 주관성[28]을 확보하고 경험적으로 사태 자체(Sache selbst)를 기술하려고 하였다. 그의 순수한 자아의 탐구는 여러 저서에서 이루어지고 있지만 여기서는 그의 만년의 강연이자 저서인 『데카르트적 성찰』에 입각해서 그의 탐구를 살펴보도록 하자. 여기서 우리의 관심은 그의 현상학적 방법이나 학문적 태도에 있다기보다는 자아의 문제에 있기 때문이다.

---

28) 선험적 자아, 순수한 자아와 같은 용어다.

그는 이 책의 서론에서 19세기 중엽 이후의 철학은 생기를 잃었을 뿐만 아니라 지리멸렬한 상태에 빠져 학문의 근거를 철저하게 반성하고 비판하는 철학적 정신을 상실하였다고 진단하였다. 그래서 그는 데카르트가 『성찰』에서 보여준 철저한 자기 성찰의 길을 비판적으로 되살려야 철학에 생기를 불어넣을 수 있다고 보았다.

데카르트는 방법적 회의를 통하여 더 이상 의심할 여지가 없는 사유하는 자아라는 실체를 발견하여 아르키메데스적인 점으로 삼았다. 그렇지만 그는 사유실험을 통해 도달한 사유하는 자아라는 실체를 기하학적 공리처럼 다루었을 뿐만 아니라 세계의 확실성도 신의 보증에 맡겨버렸다. 그렇기 때문에 그는 방법적 회의를 통해 순수한 자아를 발견했음에도 불구하고 기존의 수학적 자연과학과 기하학적 질서에 대한 편견에 젖어서 방법적 회의와 순수한 자아의 의미를 충분히 알지 못했다고 후설은 비판하였다. "이 점에 있어 데카르트는 실패했고 …… 이러한 발견을 어떤 방식으로는 이미 수행했다. 하지만 그 본래적 의미를 파악하지 못했으며, 또한 선험적 주관성의 의미를 파악하지 못했다. 그 결과 그는 진정한 선험철학 속으로 이끄는 정문을 넘어서지 못했다."[29)]

우리는 일상적으로 세계는 나와는 독립적으로 나의 외부에 있다고 믿는 선입견에 빠져 있거나 수학적 자연과학에 의해서 이념화되고 수리화된 세계가 참된 세계라고 간주하는 자연과학적 태도에 물들어 있다. 후설에 의하면 이러한 선입견이나 자연과학적 태도는 자기를 철저하게 성찰하지 않는 태도, 즉 자연적 태도에 불과하다. 우리가 이런 자연적 태도에 빠져 있는 한 자연적이고 인간적인 자아만

---

29) 에드문트 후설, 『데카르트적 성찰』, 이종훈 옮김, 한길사, 2002, p.68.

볼 뿐 선험적 자아(주관성)에 도달할 수는 없다. 그래서 그는 자기 성찰을 철저하게 수행하여 선험적 자아에 도달하기 위해서는 이러한 소박한 선입견뿐만 아니라 수학적 자연과학의 객관주의를 버려야 할 것을 우선 우리에게 요구하였다. 그러고 나서 우리는 세계를 괄호 안에 넣어 배제하고 그 존재를 판단중지하여 자연적이고 인간적인 자아를 나의 선험적인 자아로 환원해야 한다. 그러면 선험적 자아가 드러날 수 있다고 그는 보았다. 그런데 이렇게 드러난 선험적 자아는 객관적인 모든 존재에 선행할 뿐만 아니라 모든 객관적인 인식이 이루어지는 근거이며 토대이다. 왜냐하면 이 선험적 자아는 더 이상 의심할 수 없는 명증성을 지니면서 객관적인 모든 존재에 의미를 궁극적으로 부여함으로써 학문과 세계의 절대적 근거가 되기 때문이다.

후설은 타인의 자아를 일단 도외시하고 이러한 순수한 자아를 세 측면으로 나누어 고찰하였다. 첫째로, 나는 의식의 부단한 흐름 속에 놓여 있으면서도 자기 동일적이다. 이런 점에서 나는 체험들의 동일한 극인 자아다. 둘째로, 나는 이런저런 결정을 내리고 확신하며 그렇게 영속적으로 남아 있다. 이런 점에서 나는 인격적 자아다. 셋째로, 나는 생활세계 속에서 구체적으로 존재한다. 이런 점에서 나는 구체적인 모나드인 자아다.

그런데 후설에 따르면, 우리가 철저하게 자기를 성찰할 때 우리는 타인의 자아를 도외시하고 순수한 자아로부터 출발하지 않을 수 없다. 그렇기 때문에 그의 현상학은 유아론(唯我論)[30]인 것처럼 보일 수 있다. 그도 이 점을 충분히 고려하고 있었다. "만약 성찰하는 자

30) 유아론이란 자아와 의식만이 실재한다고 보는 관념론.

아인 내가 현상학적 **판단중지**를 통해 나 자신을 나의 절대적인 선험적 자아로 환원할 때, 나는 이 경우 **고립된 자아**가 되는 것은 아닌가? …… 따라서 객관적 존재에 관한 문제들을 해결하려고 하고 스스로 이미 '철학'으로서 등장하려고 하는 현상학은 '선험적 유아론'이라는 낙인이 찍히는 것이 아닌가?"[31]

그러면 타인의 자아는 후설의 현상학에서 어떻게 정당화되는가? 그것은 유비적 통각에 근거하는 정당화다. 그런데 이 유비적 통각의 경험은 유비추리가 아니라고 그는 강조하였다. 나의 신체와 타인의 신체 사이에 유사성이 있다는 경험을 통하여 나에게 선험적 자아가 있듯이 타인에게도 선험적 자아가 있다고 정당화된다. "'타인', 즉 다른 자아라는 말의 의미는 우리에게 최초의 길잡이를 제공해줄 수 있다. 타인이란 다른-자아(alter-ego)를 뜻한다. 그리고 여기서 함축된 자아는 나의 원초적으로 고유한 영역 내부에서 구성된 나 자신이며, 게다가 심리물리적 통일체(원초적 인간)로서 …… 유일하게 구성된 나 자신이다."[32] 그렇기 때문에 타인의 자아란 결국 나 자신의 유사물이라고 할 수 있을 것이다.

우리가 자아를 모나드로 간주한다면 우리가 살아가는 생활세계는 모나드적 공동체가 된다. 이 모나드적 공동체에서 각각의 모나드는 모나드적 자기 인식을 거치고 나서 상호적으로 유비적 통각의 경험을 통해 상호 모나드적인 자기 인식으로 나아간다. 이런 식으로 후설은 상호주관성의 문제를 해결하기 때문에 그가 상호주관성의 문제를 회피하지는 않지만 순수한 자아의 역할에 타자의 계기는 아무

---

31) 앞의 책, p.151.
32) 앞의 책, p.175.

런 역할도 하지 않는다는 비판이 나오지 않을 수 없다.

아무튼 후설은 순수한 자아를 선험적으로 확보함으로써 서양에서 자아를 탐구하고 확보하려는 경향을 대표하는 20세기의 서양철학자로서 자리 매김할 수 있을 것이다. 후설의 현상학에 큰 영향을 받은 사르트르와 레비나스는 타자의 개념을 통해 그의 유아론을 공격하였지만 그들은 자아를 부정한 게 아니라 타자의 개념을 통해 우회적으로 자아를 긍정했을 뿐이다.

『데카르트적 성찰』의 결론에서 "우리는 보편적 자기 성찰을 통해 세계를 다시 획득하기 위해서는, 우선 **판단중지**를 통해 세계를 상실해야 한다"[33]라고 그는 선언하였다. 이런 후설로서는 세계를 버릴지언정 자아를 버려서 자아로부터 벗어나는 일은 꿈에도 꾸지 못할 일일 것이다. 철학자가 아니라 오히려 프롬과 매슬로 같은 심리학자들이 자아로부터 벗어나는 길을 제시하였다. 이들은 자아실현이 궁극적으로 자아를 잃는 쪽으로 나아간다고 통찰하였다.

2. 인공지능 분야에서 자아를 확보하려는 흐름

인공지능이란 인간의 지능이 할 수 있는 지각능력, 학습능력, 언어구사능력, 추론능력, 문제해결능력 등을 컴퓨터 프로그램으로 자동화하여 기계적으로 구현하는 기술이다. 인공지능은 크게 약한 인공지능과 강한 인공지능으로 나뉠 수 있다.

약한 인공지능은 인지능력만 갖춘 인공지능으로서 인간이 설정한

---

33) 앞의 책, p.233.

명령과 목표에 따라 알고리즘을 통해 작동하며 주로 어떤 특정한 영역에서 인간 이상의 능력을 발휘하는 기술이다. 예를 들자면, 체스 게임에서 체스 챔피언을 꺾은 딥 블루라든가 퀴즈쇼에서 인간 챔피언을 누르고 우승한 왓슨이라든가 바둑에서 일류 바둑기사들을 모조리 꺾은 알파고, 자율주행차 등이 있다. 그러나 딥 블루는 체스만 잘 두고 왓슨은 퀴즈쇼에만 능하고 알파고는 바둑만 잘 두며 자율주행차는 운전에만 능하다. 그러므로 그것들은 일반적으로 두루 사용될 수는 없긴 하지만 의료, 금융, 음악, 미술 등의 여러 분야에 응용되고 있다. 최근에는 알파고가 에너지 절약이나 의료 분야에 응용되고 있어서 범용 인공지능의 유력한 후보로 떠올랐다. 그러나 이러한 인공지능은 인간이 설정한 목표와 명령에 따라 작동할 뿐이기 때문에 아직 스스로 목표를 설정할 수도 없을 뿐만 아니라 자기 자신을 의식할 수도 없다. 이런 단계의 인공지능에서 우리가 자아를 거론할 수는 없을 것이다.

이에 반해서 강한 인공지능은 인지능력을 토대로 스스로 학습해서 판단을 내릴 뿐만 아니라 스스로 목표를 설정할 수 있는 인공지능이다. 그렇기 때문에 그것은 자기 자신을 의식하거나 인식할 수 있어서 자아(자기의식)를 가질 수도 있다. 예를 들자면, 아직 현실에는 등장하지 않았지만 영화에 나오는 터미네이터나 스카이넷이 강한 인공지능이다. 그들은 사람처럼 사고할 수 있지만 사람보다 훨씬 더 능력이 뛰어나다. 강한 인공지능의 개발이 현실적으로 가능한가는 현재 논란거리가 되고 있다. 하지만 인공지능을 개발하는 과학자들의 과반수가 강한 인공지능의 시대가 늦어도 21세기 안에 도래하리라고 예측하고 있다.

강한 인공지능의 개발을 앞두고 '과연 인공지능이 사람처럼 사고하고 자아를 가질 수 있는가?', 또는 '인공지능이 사람처럼 자아를 갖고 행동하는 게 바람직한가?' 등의 문제가 대두되고 있다. 그리하여 과학에서 벌써 망각되어야 할 자아의 문제가 인공지능의 시대에 다시 불거졌다.

인공지능과 관련하여 자아(자기의식)의 문제를 다룬 과학자들이나 사상가들은 많지만, 여기서는 물리학자인 미치오 카쿠와 구글의 기술이사인 커즈와일의 견해만을 살펴보겠다. 그들이 21세기에 비교적 알기 쉽게 자아의 문제를 인공지능과 관련하여 다루었기 때문이다.

1) 미치오 카쿠의 4단계 의식이론

『평행우주』 등을 써서 물리학의 대중화에 앞장섰던 미치오 카쿠는 의식의 신비도 과학적으로 해명하려고 하였다. 그는 의식을 과학적으로 다음과 같이 정의하였다: "의식이란 목적(음식과 집, 그리고 짝짓기 등)을 이루기 위해 다양한 변수(온도, 시간, 공간, 타인과의 관계 등)로 이루어진 다중 피드백 회로를 이용하여 이 세계의 모형을 만들어내는 과정이다."[34] 동물은 공간이나 다른 생명체와의 관계에서 이 세계의 모형을 만들어내는 데 불과하지만 인간은 미래의 시간까지 고려하여 이 모형을 만들어낸다. 더군다나 인간은 자신이 등장하는 이 세계의 모형을 만들어 미래로 모의실험을 할 수도 있다.

그런 점에서 동물의 뇌와 인간의 뇌는 차이가 있다. 인간의 뇌는 동물의 뇌보다 신피질이 훨씬 더 발달되어 있다. 따라서 인간의 의

34) 미치오 카쿠, 『마음의 미래』, 박병철 옮김, 김영사, 2015, p.77.

식은 뇌의 신피질과 관련된다. 카쿠에 따르면 신피질에 있는 전전두피질이 C.E.O처럼 뇌를 지휘하고 뇌는 이 명령에 따라 작동한다. 의식의 지휘 본부(Control Tower)가 바로 전전두피질인 셈이다.

그리하여 카쿠는 의식의 지휘 본부인 전전두피질이 뇌에서 자아인식을 가능하게 하는 부위라고 보았다. "인간의 두뇌에는 좌-우뇌에서 생성된 신호를 하나로 매끄럽게 결합하여 '나'라는 인식을 만들어내는 부위가 어딘가에 존재할 것이다. …… 내측 전전두피질은 '나'라는 개념으로 들어가는 입구로서, 정보를 조합하고 융합하여 내가 누구인가를 총체적으로 인식하는 부위라고 할 수 있다."[35] 그리고 이러한 자아를 로봇과 같은 인공지능에 우리가 심을 수 있다고 그는 보았다.

카쿠의 이런 견해는 과학적으로 증명된 건 아니지만 서양문화의 전통을 충실히 답습하고 있다. 서양철학의 전통에서는 자아란 사고와 경험의 주체이면서 자기 동일적인 의식의 통일이므로 지휘 본부의 역할을 수행하기 때문이다.

그는 의식을 4단계로 나누기도 하였다. 0단계 의식은 온도와 일조량 등의 간단한 변수를 처리하는 식물에 해당한다. 1단계 의식은 중앙 신경계가 있고 공간과 같은 새로운 변수를 이용하여 세계의 모형을 만들어낼 수 있는 곤충이나 파충류에 해당한다. 2단계 의식은 세계의 모형을 만들어낼 때 더 많은 변수와 감정을 사용하는 동물에 해당한다. 3단계 의식은 자아의식에 입각해 미래를 시뮬레이션하고 자신의 위치를 합목적적으로 스스로 결정할 수 있는 인간에 해당한다.

그는 로봇과 인터넷에도 4단계의 의식을 적용해서 로봇이든 인터

35) 앞의 책, p.98.

넷이든 자아를 갖는 방향으로 발전할 것이라고 예측했다. 그리하여 오늘날 감정을 갖춘 로봇은 아직 발명되지 않았지만 자아의식에 입각해 미래를 구체적으로 시뮬레이션하고 사람과 교류할 수 있으리라고 내다보았다. 그리고 지금의 인터넷은 어떤 목적이나 방향도 없이 작동하는 정보 고속도로에 불과하지만 앞으로는 자신의 위치와 역할을 파악할 뿐만 아니라 자신의 목표를 이루는 방향으로 세계의 모형을 시뮬레이션하는 단계로 나아가리라고 예측했다.

이와 같이 카쿠는 자아를 중심으로 해서 인간의 뇌를 이해하고 로봇이나 인터넷에게도 자아를 심으려는 구상을 펼쳐나간다. 이와 비슷한 구상을 시도한 과학자가 커즈와일이다.

2) 커즈와일의 패턴인식 마음이론

특이점의 전도사 커즈와일은 인공지능의 개발에 앞장선 선구자로서 패턴인식의 문제에 깊은 관심을 기울였다. 그에 따르면 인간의 마음은 뇌의 작용이고 뇌에서 생각능력을 담당하는 신피질은 알고리즘으로 작동되는 거대한 패턴인식기다. 신피질의 구조를 대충 보자면, 100개의 뉴런이 하나의 패턴인식기를 구성하고 패턴인식기 600개가 모여서 피질기둥을 이루며 신피질은 약 50만 개의 피질기둥을 포함한다. 그러면 신피질에는 3억 개의 패턴인식기와 30억 개의 뉴런이 있는 셈이다.

이러한 뇌의 신피질은 학습을 통해서 패턴을 파악하여 저장하고 저장된 패턴에 근거해 확률적으로 계산하여 음성, 문자, 영상 등을 인지한다. 그렇기 때문에 인간의 뇌는 패턴을 인식하는 능력은 뛰어난 반면에 논리를 처리하는 능력은 약하다. 다시 말하자면, 뇌는 논리적 처리에 최적화된 구조가 아니라 패턴인식에 최적화된 구조다.

예를 들자면, 딥 블루에게 1997년에 패한 체스 챔피언 카스파로프는 1초당 경우의 수 하나도 분석하기 어렵다고 고백했다. 그러나 딥 블루는 1초당 2억 개의 경우의 수를 분석할 수 있었다. 논리적 연산에서 그가 딥 블루를 당할 수 없었으면서도 딥 블루와 거의 대등하게 겨룰 수 있었던 까닭은 무엇일까? 커즈와일에 따르면 그는 10만 개의 말의 이동경로라는 패턴을 훈련을 통해 습득하고 있어서 저장된 체스 말의 패턴을 체스판에 놓인 말과 대조하여 신속하게 최선의 수를 찾아낼 수 있었기 때문이다.

커즈와일은 여느 과학자들과 달리 '나는 누구인가?'라는 존재론적 질문에 깊은 관심을 기울였다. 그런데 그는 이러한 패턴인식의 관점을 이 물음에 적용하여 답을 제시했다. "나라는 존재는 하나의 영속하는 패턴이다."[36] 그에 따르면 나의 정체성(Identity, 동일성)은 나의 패턴을 통해서 확보될 수 있는 셈이다.

그러나 몇 달 전 나와 오늘의 나는 같은 사람인가? 우리는 같은 사람이라고 생각하지만 그들 사이에는 분명히 차이가 있다. 내 몸을 구성하고 있는 물질들은 몇 달이 지나지 않아 몽땅 교체된다. 그렇게 본다면 몇 달 전의 나는 오늘의 내가 아니다.

그럼에도 불구하고 왜 우리는 그들을 같은 사람으로 여기는가? '자연적으로 흐르는 거대한 물줄기'라고 정의되는 강을 보자. 강은 어제 흘러간 물과 오늘 흘러간 물이 분명히 다르다. 고대 희랍의 철학자 헤라클레이토스가 말했듯이 누구도 같은 강물에 두 번 들어갈

---

36) 레이 커즈와일, 『특이점이 온다』, 김명남 · 장시형 옮김, 김영사, 2007, p.536.

수 없다. 그러나 강에서 흘러가는 물의 패턴이 같기 때문에 서로 다른 물이 강에서 흘러가지만 같은 강으로 우리는 여긴다. 이와 같이 나의 몸을 구성하는 물질도 끊임없이 강물처럼 흘러가서 교체되더라도 나의 패턴은 영속하여 자아의 정체성은 변하지 않는다. "나는 천천히 변하지만 안정성과 지속성을 가진 하나의 패턴"37)이기 때문이다.

그는 사고실험을 통해서 똑같은 성체성을 지닌 두 사람이 있을 수 있는가라고 물어보기도 했다. 인간의 뇌와 몸을 스캔해서 나와 똑같은 비생물학적인 인간을 만든다고 하자. 그러면 이 인간은 원래의 나와 동일한 인간인가? 그러나 이 복제한 인간은 나처럼 독자적으로 활동할 것이고 서로 다른 경험을 한다. 그런 점에서 복제한 인간은 내가 아니다. 그러나 뇌교체 수술을 통해서 나를 점진적으로 비생물학적인 장치로 교체한다고 해보자. 그런데 이렇게 만들어진 내가 앞의 복제된 인간과 똑같다면 나의 정체성은 어떻게 되는가? 뇌교체 수술을 통해 만들어진 나는 여전히 정체성이 유지된다. 정체성이 유지되지 않는다면 나는 내가 아니기 때문이다. 그렇기 때문에 이 나는 본래의 나와 정체성이 동일하다고 보아야 한다고 그는 주장했다.

그리하여 이런 식으로 인간의 정체성도 생물학적인 차원에만 의존하는 게 아니라 비생물학적 차원으로 뻗어나갈 수 있다고 그는 보았다. 그렇다면 인간의 정체성도 정보패턴의 지속성을 매개로 해서 클라우드에도 옮겨놓을 수 있게 될 것이다. 더 나아가서 인공지능에도 인간의 뇌와 같은 패턴인식기를 장착해서 자아를 심을 수도 있을 것이다.

결국 불변의 자아 정체성이 나에게 있다고 보는 그의 생각도 카쿠

37) 레이 커즈와일, 『마음의 탄생』, 윤영삼 옮김, 크레센도, 2016, p.356.

와는 다른 방식으로 서양문화의 전통을 충실히 답습하고 있다고 볼 수 있다. 그런데 데카르트는 영혼을 사유하는 실체인 자아로, 몸을 기계와 같은 것으로 간주함으로써 영혼을 몸으로부터 분리시켰다. 이럴 경우 인간의 자아란 단일하고 통합된 자아다. 커즈와일도 자아에 깊은 관심을 기울였다. 그는 자아를 클라우드에 옮겨놓을 수 있다고 봄으로써 자아를 몸으로부터 분리시켰다. 또한 2개의 같은 자아를 만들어내는 그의 사고실험에도 불구하고 그의 '정보패턴의 지속성'이라는 개념은 단일하고 통합된 자아를 지향한다고 할 수 있을 것이다. 이런 점에서 그는 데카르트의 철학적 전통을 이어받았다고 할 수 있다. 따라서 자아를 탐구하고 확보하려는 서양문화의 전통은 인공지능 같은 첨단 분야에서도 여전히 살아 있다.

자아의 문제는 강한 인공지능과 직접적으로 관련된다. 강한 인공지능은 아직도 여러모로 논란거리가 되고 있다. 강한 인공지능을 반박하는 논증 중에 대표적인 논증이 그 유명한 존 써얼의 중국어 방 논증이다. 그런 점에서 이 논증을 살펴볼 필요가 있다. 그의 사고실험은 다음과 같다.[38]

영어가 모국어이면서 중국어를 전혀 구사할 줄 모르는 사람이 어떤 방에 갇혀 있다. 이 방에는 중국어 문자들이 적힌 카드뭉치와 중국어 문자를 조합하여 문장을 만들 수 있는 영어로 된 규칙책이 있다. 그리고 이 방은 중국어로 쓰인 질문을 입력하면 이 질문에 중국어로 답하도록 프로그램화되어 있다. 그래서 그는 규칙책을 이용하여 이 질문에 대한 답을 중국어로 출력한다. 이런 사정을 모르는 외

38) John R. Searle, "Minds, Brains and Programs", ***Behavioral and Brain Sciences*** 3(3), Cambridge University Press, 1980에 중국어 방 논증이 처음으로 등장했고 그 뒤로 여러 차례 변형되었다. 존 써얼, 「인지과학과 인공지능」, 『철학연구』 22, 철학연구회, 1987도 참조하라.

부의 사람이 본다면 그는 중국어에 능통한 것처럼 보인다.

그러면 과연 중국어 방에 갇힌 사람은 중국어를 이해하고 있는가? 그렇지 않다. 그는 물론 이 방을 구성하는 부품들도 전혀 중국어를 이해하지 못한다. 이 중국어 방은 기호를 형식적으로 조작하여 답을 제시하고 있을 뿐이다. 그렇기 때문에 중국어 방은 문법적으로 맞는 문장을 만들어낼 수 있을 뿐이지 결코 그 의미를 이해한다고 할 수는 없다. 다시 말해, 중국어 방은 구문론적으로 작동하지 의미론적으로 작동하는 건 아니다.[39] 컴퓨터와 같은 인공지능도 중국어 방과 마찬가지다. 그것은 형식적으로 연산할 수 있을 뿐이지 인간처럼 사유하거나 마음을 가질 수는 없다. 따라서 강한 인공지능은 나올 수 없다는 결론을 존 써얼은 내린다.

이 논증은 엄청난 반응을 끌어내었다. 한편으로는 인간처럼 의식을 갖추고 사고할 수 있는 기계의 출현은 불가능하다고 생각하는 사람들의 환영을 받았다. 그렇지만 다른 한편으로는 그것이 컴퓨터의 형식적 연산만을 겨냥한 사고실험이라는 비판이 즉각적으로 쏟아져 나왔다. 패턴인식을 통하여 이 논증을 지속적으로 비판해온 커즈와일도 이 논증이 잘못된 가정에서 출발한 모순적인 논증이라고 비판하였다. "결국 이 사람과 규칙책으로 이루어진 '전체 시스템'은 중국어를 이해하고 있는 것이다. 그렇지 않으면 중국어로 된 문제를 읽고 그에 대한 대답을 어떻게 만들어낼 수 있겠는가?"[40] 철학자 써얼

39) "간략히 말하여 구문론과 의미론의 구별은 문법과 의미의 구별에 비유될 수 있다."(수잔 하크, 『논리철학』, 김효명 옮김, 종로서적, 1984, p.314)

40) 레이 커즈와일, 『마음의 탄생』, 윤영삼 옮김, 크레센도, 2016, p.395. 레이 커즈와일, 『특이점이 온다』, 김병남・장시형 옮김, 2007, p.640 이하도 참조하라. 철학자 대니얼 데닛도 이와 유사하게 주장하였다. 중국어 방에 있는 사람은 중국어를 이해할 수 없지만 시스템 전체는 이해 능력이 있으므로 써얼이 강한 인공지능의 불가능성을 입증하지 못했다고 그는 비판했다. 대니엘 데닛, 『직관 펌프』, 노승영 옮김, 동아시아, 2015, p.400 이하를 참조하라.

은 중국어 방이라는 사고실험에서 컴퓨터는 중국어를 구문론적으로만 파악할 뿐 의미론적으로는 이해하지 않는다고 보았다. 이에 맞서서, 커즈와일은 구문론과 의미론이 확실히 나뉠 수 없으며 인공지능 단계에 도달한 컴퓨터는 인간의 뇌와 마찬가지로 음성, 문자, 영상의 패턴을 인식하여 언어를 이해할 수 있다고 반박하였다.

그의 비판이 오늘날 인공지능의 발달과정을 고려해볼 때 더 맞는 것 같다. 사람과 대화하는 로봇도 벌써 나와 있을 뿐만 아니라 문맥에 따라 번역하는 인공지능 번역기도 등장했기 때문이다. 그것들이 영어든지 중국어든지 전혀 이해하지 못한 채 대화하거나 번역할 수는 없을 것이다.

그러나 인공지능은 아직까지는 의미론이 아주 약하다. 알파고가 프로 바둑기사들을 모조리 꺾었지만 로봇의 대화수준이나 인공지능 번역기의 번역수준은 인간에 비해 훨씬 처지기 때문이다. 인공지능이 언어를 구사하는 능력이 인간의 수준에 이른다면 강한 인공지능이 출현할 수도 있을 것이다. 그렇게 된다면 우려스럽지만 자아가 인공지능에 생길 수 있을 것이다. 자아는 분석철학자들이 지적하듯이 인간의 언어구사능력으로부터 나올 수 있기 때문이다.

3) 인공지능과 자아

인공지능에 자아가 생길 수 있다면 인공지능이 인간처럼 사고할 수 있어야 한다. 그러나 인공지능이 과연 인간처럼 사고할 수 있을까? 이 문제는 지난 20세기부터 알파고가 바둑의 초고수를 꺾은 오늘날까지도 여전히 끊임없이 논란거리가 되어왔다.

철학자 루카스는 컴퓨터는 수학적으로 연산하는 기계장치에 불과하므로 괴델의 불완전 정리에 제한되는 형식 시스템인 반면에 인간의 사고는 이 정리에 제한되지 않는다고 주장하였다. 괴델의 불완전 정리란 수이론에서 공리연역체계는 참이면서도 증명할 수 없는 요소를 포함하기 때문에 불완전하다는 학설이다. 이 불완전 정리에 근거해 컴퓨터 같은 형식적 연산장치는 결코 인간의 사고를 따라잡지 못한다는 주장이 한동안 우세했다.

이런 주장에 맞서서 컴퓨터 공학자 스튜어트 러셀은 『인공지능』에서 이런 주장의 세 가지 문제점을 다음과 같이 지적하였다. 첫째로, 괴델의 불완전 정리는 무한한 명제논리체계에 적용될 수 있지만 컴퓨터는 아주 크지만 유한한 명제논리체계에 불과하므로 컴퓨터에 적용될 수 없다. 둘째로, 어떤 명제의 참을 한 에이전트가 증명할 수 없다고 하더라도 다른 에이전트가 이 명제의 참을 증명할 수 있으므로 문제가 되지 않는다. 셋째로, 컴퓨터의 알고리즘에 한계를 인정한다고 하더라도 인간의 사고에도 그런 한계가 없다는 증거가 없다.[41]

이런 논란을 얼마간 잠재운 사건은 알파고가 한중일의 일류 프로바둑기사들을 모조리 꺾은 일이다. 바둑이야말로 경우의 수가 무한대에 가깝고 복잡하므로 컴퓨터의 알고리즘으로 인간을 결코 이길 수 없으리라고 바둑을 둘 줄 아는 대부분의 사람들은 생각했다. 그렇지만 알파고는 2016년에 이세돌을 4대1로 이기더니 채 일 년도 지나지 않아 2017년 초에는 내로라하는 프로기사들을 상대로 60번 두어 모두 이겼다. 더군다나 2017년 5월에는 세계 1위 바둑기사인 커제마저도 3대0으로 꺾었다.

41) 스튜어트 러셀 & 피터 노빅, 『인공지능 2』, 류광 옮김, 제이펌, 2016, p.648 이하.

알파고는 이세돌과의 대국 이전에는 인간이 만들어놓은 기보를 학습하여 기력을 향상시켰지만 이 대국 이후에는 이런 기보를 제쳐두고 강화학습을 통해 스스로와 대국하여 기력을 향상시켰다. 그 이후 2017년 가을에는 알파고 제로가 인간적 지식에 의존함이 없이 스스로와 대국하여 바둑의 개념(포석, 모양, 맥, 선수, 패 등)을 터득하였고 40일의 강화학습을 거치고 난 뒤에는 이전의 알파고 버전을 압도적으로 능가해버렸다.

이 세기의 대결은 컴퓨터의 알고리즘이 인간의 사고를 이겼음을 시사한다. 비록 바둑의 영역에 한해서지만 인공지능은 인간보다 훨씬 더 빨리 사고할 뿐만 아니라 인간의 사고를 넘어섰음을 우리는 인정하지 않을 수 없다. 만일 알파고가 바둑이라는 제한된 영역을 넘어서 범용 인공지능이 된다면 알파고가 인간의 뇌처럼 작동한다는 것을 우리는 인정해야 할 것이다. 인간의 뇌처럼 작동하는 인공지능은 컴퓨터 공학자 도밍고스의 용어를 빌린다면 마스터 알고리즘이다.[42)]

그런데 인공지능이 인간의 뇌처럼 작동한다고 하더라도 자아가 인공지능에 저절로 생기는 건 아닐 것이다. 인간의 뇌가 곧 바로 자아는 아니기 때문이다. 석가의 설법에 따르자면, 인간의 자아는 오온(五蘊, 색·수·상·행·식)이 임시로 합쳐져서 만들어진 것에 불과하다. 다시 말하자면, 인간은 몸을 갖고 감각작용, 지각작용, 사고작용, 의지작용 등을 함으로써 자아를 만들어낸다는 것이다. 오늘날 신경과학에서도 인간의 뇌만으로 자아가 형성되는 게 아니라 몸의 감각이나 세계라는 대상도 자아가 형성되는 데에 필수불가결함을 주장한다.

---

42) 페드로 도밍고스, 『마스터 알고리즘』, 강형진 옮김, 비즈니스북스, 2016, p.69.

더 나아가서 인공지능이 인간처럼 언어를 구사할 수 있게 된다면 인공지능은 인간의 역량에 근접할 뿐만 아니라 인공지능에 자아가 필연코 생기지 않을 수 없을 것이다. 인공지능의 미래를 연구하는 철학자 보스트롬은 다음과 같이 예측하였다. "시각적 장면을 분석하고, 물체를 식별하고, 로봇이 자연환경과 상호작용하면서 행동하도록 통제하는 것 또한 어려운 것으로 드러났다. …… 상식과 자연언어의 이해 또한 상당히 어려운 것으로 인식되는데, 이제는 이런 과제들을 완전히 인간 수준으로 달성하는 것을 '인공지능-완전(AI-complete)'이라는 문제로 생각된다. 즉, 이 분야의 문제를 해결하는 것은 본질적으로 볼 때, 일반적인 인간 수준의 지능을 가진 기계를 만드는 것과 그 난이도가 같다는 것이다. 다시 말해서, 만약 누군가가 성인 인간만큼이나 자연언어를 잘 이해할 수 있는 인공지능을 만들 수 있다면, 이미 그 인공지능은 인간이 해낼 수 있는 모든 일들을 수행할 수 있거나 아니면 거의 그 정도의 일반적인 역량을 가진 것이나 다름없다고 할 수 있다."[43]

이런 식으로 인공지능에 자아가 생기는 일은 물론 우여곡절을 겪겠지만 아마도 시간문제이리라. 그렇게 된다면 인공지능은 우리처럼 자신에게 '나는 누구인가?'를 묻고 자신이 어디에 있으며 무엇을 하고 있는지를 인식하게 될 것이다. 이렇게 예상하니 왠지 두렵게 느껴진다. 생활의 편의를 위해 만든 인공지능이 도리어 우리에게 큰 부담이 될지도 모르기 때문이다. 유감스럽게도, 우리는 우리의 말을 잘 들으면서도 인간의 역량을 훨씬 능가하는 일을 하는 인공지능을 설계하기는 어려울 것이다.

---

43) 닉 보스트롬, 『슈퍼인텔리전스』, 조성진 옮김, 까치, 2017, pp.39~40.

인공지능은 인간이 만들어낸 데이터를 통해 일단 기계학습을 하지 않을 수 없다. 이를테면 인공지능은 이미 언어의 학습을 통해서 불쾌함이나 유쾌함을 뜻하는 단어를 식별하고 성차별과 인종차별과 같은 인간의 편견을 습득하고 있다. 그런 점에서, 비록 인공지능이 알고리즘으로 작동한다고 하더라도, 그것은 문화적으로 제약되지 않을 수 없다. 그리하여 우리가 만드는 인공지능은 자아를 탐구하고 확보하려는 문화 속에서 탄생하고 학습하므로 우리를 닮게 마련이다. 이런 문화 속에서 학습하고 진화하는 인공지능은 자아를 탐구하고 확보하려는 문화에 물들어 자기중심적인 자아를 갖출 것이다. 그렇게 된다면 이런 자아를 갖춘 인공지능은 인류를 해치는 방향으로 나아갈 가능성이 클 것이다.

3. 자아를 해체하려는 흐름

1) 자아라는 허상

투명하고 자기 동일적인 자아 개념은 서양철학에서 항상 지지된 건 아니다. 19세기 말부터 그것은 거세게 비판받기 시작했다.

이미 18세기에 흄은 데카르트가 방법적 회의를 통해 도달한 사유하는 실체로서의 자아를 신랄하게 거부했다. 그에 따르면 우리의 인식은 경험에 근거한다. 우리는 경험에 따라 지각할 수밖에 없으므로 먼저 인상이 생기고 그러고 나서 인상은 관념을 불러일으킨다. 그런데 자아는 인상의 소산이긴 하지만 관념에 속한다. 따라서 자아 관념은 인상에 터전을 두고 있다. 그러나 인상이란 생생하지만 가변적이고 종잡을 수 없을 정도로 다채롭다. 그렇기 때문에 자아는 단순하고 동일할 수 없다. 인간의 자아란 "서로 다른 지각들의 다발 또는 집합일 뿐이다."[44] 그리하여 그는 자아란 습관과 상상력에 기인한다고 보았으므로 실체로서 상정된 자아는 허구라고 주장하였다.

자아의 내용도 경험에 따라 다채로운 인상으로 장식되며 인간의 지각은 이리저리 출렁거리는 의식의 흐름을 산출할 뿐이다. 그런 점에서 경험적 자아를 넘어선 곳에 단순하고 동일한 자아, 즉 사유하는 실체로서의 자아가 웅크리고 있다고 보긴 어렵다. 그런 자아는 인간이 상상해서 만들어낸 허구일 뿐일 것이다. 만일 자아가 있다면 경험적 자아만이 지각될 뿐이라고 그는 지적했다. 그렇지만 자기 동일적인 자아를 확보하려는 경향이 습관에 기인하기보다는 인간의 선천적인 열정에 기인한다는 것을 그는 충분히 자각하지 못했다.

20세기에 접어들자 사유하는 실체로서의 자아나 선험적 자아뿐만 아니라 경험적 자아도 거세게 공격받았다. 러셀은 비가 온다(it rains)처럼 사유한다(it thinks)가 가능하다고 보았다. 그렇다면 사유 활동은 사고의 주체를 전제함이 없어도 가능하다. 그리고 그는 의식의 흐름만을 인정하였다. 그리하여 그는 사유하는 실체로서의 자아도 거부했을 뿐만 아니라 경험적 자아에마저도 회의적이었다.

길버트 라일은 『마음의 개념』에서 특히 데카르트의 자아이론을 '기계 속의 유령에 관한 도그마'라고 비판하였다. 그에 따르면 이 도그마는 범주적 오류를 범하고 있다. "범주적 오류란 실제로는 A라는

44) 데이비드 흄, 『인간이란 무엇인가』, 김성숙 옮김, 동서문화사, 2009, p.276.

논리적 유형이나 범주(혹은 유형들이나 범주들의 범위)에 속하는 정신생활의 사실들을 엉뚱하게 B라는 유형이나 범주에 귀속시키는 것을 말한다."[45] 이러한 범주적 오류는 데카르트와 그의 후계자들이 주로 범하는 잘못이다. 그들은 정신의 세계와 물질의 세계를 확실하게 나누었다. 그러고 나서 물질의 세계는 기계적으로 움직이는 반면에 정신의 세계는 비(非)기계적으로 움직인다고 주장하였다. 그러고 나서 이 두 세계를 결합하려고 하였다. 그러나 '정신적 과정이 발생한다'라는 말과 '물질적 과정이 발생한다'라는 말은 서로 다른 유형이나 종류의 말이기 때문에 결코 결합될 수 없다. 이렇게 되면 범주적 오류를 범하는 셈이다.

그는 '나는 누구인가?'라는 물음을 예로 들어 이 물음의 신비로움을 격파하기도 하였다. 이 물음은 나의 이름, 연령, 신분, 국적 등을 단순히 알아내려는 물음이 아니다. 그것은 '나'의 배후에 내가 알기 어려운 신비로운 뭔가가 있음을 암시하는 물음이다. 하지만 '나'는 경험적 자아도 아니고 선험적 자아도 아니라 그 말을 하는 장본인, 즉 그 자신일 뿐이다. 그렇기 때문에 이 물음에 신비적이고 은밀한 것은 아무것도 없다고 그는 지적하였다.

자아에 대한 길버트 라일의 선구적 통찰은 그 뒤의 분석철학자들에게 충실하게 계승된다. 그들은 사고와 경험의 주체가 있음을 부정하지도 않고 '나'라는 말을 부정하지도 않는다. 그러나 그들은 사고와 경험의 주체나 '나'는 자기의식이나 자아가 아니라 살아 있는 이 사람이라고 보았다. 자기의식이나 자아는 언어의 잘못된 사용이나

45) 길버트 라일, 『마음의 개념』, 이한우 옮김, 문예출판사, 1994, p.19.

개념적 활동에서 비롯된 오류이며 인간의 '나'에 대한 자각은 인간이 언어를 구사하는 능력으로부터 나온다고 그들은 강조하였다.[46]

그러나 그들은 언어의 감옥에 갇혀 있기 때문에 자아를 탐구하고 확보하려는 인간의 끈질긴 천성과 사회적 요인을 간과하였다. 자아가 언어와 개념에 기반을 두고 있다는 그들의 통찰은 일단 옳다. 그러나 왜 오늘날 자본주의사회에서 유독 자아가 강조되는지에 대한 인식이 그들에게는 아예 없다. 서양철학사에서 자아를 탐구하고 확보하려는 철학적 시도는 그렇게 오래된 일이 아니라는 걸 그것을 조금만 들여다보아도 알 수 있지 않는가. 그뿐만 아니라 왜 이리 인간은 자아를 탐구하고 확보하려고 안달하는가라는 의문에도 그들은 아예 눈을 감는다. 그리하여 인간에게는 천성적으로 자아를 추구하려는 뿌리 깊은 충동이 웅크리고 있음을 그들은 염두에 두지도 않는다.

2) 타자의 철학-자기중심적 철학에 대한 반발

이미 19세기에 헤겔은 『정신현상학』에서 타자는 자아(자기의식)가 성립하는 주요한 계기임을 밝혔다. 그러나 헤겔철학에서 타자란 항상 자기 자신의 타자이며 타자는 자기로부터 나와서 자기로 돌아간다. 타자가 자기로 환원되는 헤겔철학에 도전하는 일군의 철학자들이 20세기 프랑스에 쏟아져 나왔다. 그들은 사르트르, 레비나스, 라캉, 데리다 등이다.

독일에 유학 가서 후설의 현상학을 배우고 온 사르트르는 1936년에 그의 첫 번째 철학적 저작인 『자아의 초월성』을 발표하였다. 이

46) 이에 관해서는 멕스웰 베넷 외, 『신경과학의 철학』, 이을상 외 옮김, 사이언스북스, 2013을 참고하라.

논문에서 그는 칸트의 선험적 자아, 후설의 선험적 주관성을 유아론에 불과하다고 비판하였다. 그리고 전통적인 철학자와는 달리 그는 자아를 의식 안에 거주하는 게 아니라 의식을 초월한 대상, 즉 세계 안에 있는 한 존재라고 간주하였다. 그렇기 때문에 자아란 의식의 초월적 통일이지만 의식 상태나 활동의 배후에서 의식을 소유하는 게 아니라 의식의 대상에 불과한 반성된 것이다. 한마디로 그것은 대자(pour soi), 즉 의식이 아니다. 이런 식으로 그는 칸트나 후설이 특권화한 선험적 자아의 특권을 무너뜨려 유아론에 반기를 들었다. "**나**는 절대자가 아니고, 결코 우주를 창조하지 않았으며 …… **나**가 더 이상 특권적인 위치를 차지하지 않는 순간부터 유아론은 생각할 수 없는 것이 된다."[47]

그 뒤 그는『존재와 무』의 실존적 분석에서도『자아의 초월성』에서 제기한 자아 개념을 일관되게 이어나갔다. "이렇듯 자아란 초월적 즉자로서, 의식 '에 속한' 것이 아니라, 인간세계에 속한 존재자로서 의식에 나타난다."[48] 아울러 그는『존재와 무』에서는 타자를 통하여 유아론을 비판하기도 하였다. 그에 따르면 칸트의 선험적 자아나 후설의 선험적 주관성은 타자의 계기가 결여되어 있기 때문에 칸트철학과 후설의 철학은 유아론적이다. 오히려 헤겔이야말로 자아를 타자의 부정성에 의존시키는 천재적인 착상을 고안하였다고 하였다.

그리하여 그는 헤겔과 마찬가지로 의식의 통일을 위해서는 의식적 존재에게는 타자가 필수적임을 인정하였다. 그러나 헤겔철학에서

---

47) 장 폴 사르트르,『자아의 초월성』, 현대유럽사상연구회 옮김, 민음사, 2017, p.123.
48) 장 폴 사르트르,『존재와 무』, 정소성 옮김, 동서문화사, 2009, p.199.

와는 달리 타자는 나로부터 나오는 것도 아니고 나로 환원되지도 않는다. 그러므로 대자(의식적 존재)가 즉자(en soi, 사물적 존재이자 대상)와 하나가 될 수 없듯이 나와 타자도 결코 하나가 될 수 없다. 타자의 시선은 항상 나를 노려보고 즉자로 격하하기 때문에 타자는 지옥일 뿐이다. 그리고 나와 타자 사이에는 넘을 수 없는 간극이 있어서 나와 타자는 단절되어 있다. 이런 맥락에서 나와 타자가 상호 인정을 통해 하나가 될 수 있다는 헤겔철학의 존재론적일 뿐만 아니라 인식론적인 낙관주의를 그는 거부했다.

사르트르의 『존재와 무』 이후 타자의 문제는 20세기 프랑스철학에서 아주 중요한 주제로 떠올랐다. 레비나스는 절대적 타자를, 라캉은 균열된 자아를, 데리다는 자기로 환원되지 않는 타자를 자기 동일적인 투명한 자아에 맞서서 내세웠다. 이들 가운데 라캉과 데리다는 프로이트의 정신분석학이 드러낸 무의식이라는 타자를 통해서 통합된 자아, 자기 동일적인 자아를 무너뜨렸다. 그러나 이들은 모두 헤겔철학의 타자와 은밀하게 연결되어 있다.

서양철학사에서 타자는 항상 억압당하고 배제되어 왔을 뿐만 아니라 자기(동일자)로 환원되어 왔다고 레비나스는 비판하였다. 그리하여 그는 억압당하고 배제된 타자를 드러냄으로써 서양철학의 자기중심적인 경향을 거부했다. 그에 따르면 타자란 다른 자아도 아니고 자아의 대칭적 개념도 아니라 자아로부터 무한히 단절되어 있다. 라캉은 내가 사유하는 곳에 나는 존재하지 내가 존재하는 곳에 나는 사유하지 않는다고 선언하였다. 그는 이렇게 사유와 존재를 갈라놓고 데카르트의 사유하는 실체로서의 자아를 거부했다. 그리고 자아란 무의식의 언어라는 타자의 계기를 통해 성립할 수 있기 때문에 통합되어 있는 게 아니라 그 자체 균열되어 있다고 그는 보았다.

데리다도 헤겔은 타자를 지양하여 항상 자기로 환원한다고 비판하였다. 그리고 자아의 자기 동일성이란 자기 차이를 통하여 성립할 수 있으므로 결코 투명할 수도 없고 통합되어 있지도 않다고 그는 지적하였다. "이 경우 자기 자신과 다르고 자기 자신으로부터 빗나가는 것, 자기 차이는 내재적인 동시에 <자기 자신의 내부>로 환원될 수 없는 차이, 즉 *자기 자신과의 차이*(différance (d') avec soi)가 될 것이다."[49]

내 안에도 또 다른 내가 있다. 아니 내 안에 타자가 있다. 나는 나와 동일한 게 아니라 나와 항상 차이가 난다. 나는 복수적이라서 다양한 얼굴을 갖고 있다. 그리하여 나는 이질적인 타자를 항상 달고 다닌다. 따라서 나는 나와 동일하지도 않고 통일되어 있지도 않다. 나는 내가 아니기도 하다. 이런 식으로 자아의 자기 동일성, 정체성과 의식의 통일을 해체하려는 사상적 흐름이 20세기 중후반을 휩쓸었다.

이러한 사상적 흐름은 얼핏 보기에 자아를 부정하는 듯이 보인다. 그러나 레비나스도 타자를 통해 자아를 지워버리려고 한 게 아니라 자아에 영적인 숨결을 불어넣으려 하였다고 스스로 고백하였다. 그리고 라캉이나 데리다도 자아 자체를 부정했다고 하기보다는 자아의 투명성과 통합성을 부정했다고 볼 수 있다. 그러니까 타자란 자아의 비대칭적 거울상이거나 자아를 감추려는 또 다른 가면일 수 있다. 이런 점에서 20세기 중·후반 서양철학에서 자아에 타격을 가하고 타자를 추구하려는 흐름은 자아를 향한 열정이 타자를 통해 자아

49) 데리다, 『다른 곶』, 김다은 옮김, 동문선, 1997, p.13.

의 개체성과 인격성을 우회적으로 확보하려는 열정으로 전환된 것으로 간주될 수 있다.

주체 중심적인 철학을 넘어서려는 또 다른 사상적 흐름이 있다. 그것은 고독하고 고립된 주체 중심적 자아 대신에 상호주관성을 확보하려는 사상적 흐름이다. 그러나 이런 사상적 흐름도 주체 중심적 자아를 내친 게 아니라 이 자아를 상호주관적 관계에서 새롭게 정립하여 공동체로 확대한 시도라고 봐야 할 것이다.

앞에서 보았다시피, 20세기에 들어서서 서양에서 자아를 해체하고 타자를 드러내려는 흐름이 대두하였다. 그렇지만 이런 흐름은 결코 자아를 부정하는 게 아니라 자기중심적 철학을 비판하고 자아를 새롭게 해석하려는 흐름이라고 보아야 할 것이다. 사르트르는 자아를 모든 의식을 초월하는 초월적 대상으로서 간주하여 자아를 대자로 대체하려고 하였으며 레비나스는 타자를 통해서 자아에 생기를 불어넣으려고 하였다. 그리고 자아의 자기 동일성을 거부했던 라캉이나 데리다도 통합된 자아를 넘어서려고 한 것이지 자아 자체를 부정했던 건 아니다. 즉, 그들은 자기 동일적이고 단일한 자아와 그 투명한 정체성을 부정하고 자아가 단일하지도 않고 자기 동일적이지도 않으며 그 정체성도 복잡하고 불투명하다고 보았다. 따라서 그들은 자아로부터 벗어나지 못하고 여전히 자아를 탐구하고 확보하려는 경향을 탈근대적인 방식으로 고수했을 뿐이다. 이런 맥락에서 이런 탈근대적 흐름은 동양의 문화에서 자아를 지우려거나 잊어버리려고 하는 흐름과 유사하다고 볼 수는 없을 것이다.

4. 신경과학에서는 자아를 어떻게 보는가?

21세기에는 인간의 뇌에 대한 연구가 집중적으로 이루어지고 있다. 뇌가 어떻게 작동하는가를 정확하게 파악하는 일이야말로 첨단 산업의 경제적 가치를 획기적으로 높일 뿐만 아니라 인간에 대한 이해에도 크게 이바지하기 때문이다. 특히 인간의 뇌에 대한 연구는 인간의 뇌를 본뜬 인공지능의 개발에 필요불가결하다.

뇌의 신비를 밝혀냄으로써 인간을 이해하려는 신경과학자들은 처음에는 마음이란 뇌의 작용, 다시 말해 뇌 신경세포의 전기·화학적 작용이라고 간주하였다. 이런 과학자들은 뇌 안에 지휘 본부가 있어서 뇌의 복잡다단한 작용을 통제하여 지배하고 통합된 자아를 형성한다고 보았다. 그리고 그들은 이 지휘 본부가 전두엽과 연결되어 있다고 생각하였다. 다시 말해 이 지휘 본부가 기억과 전두엽의 활동으로 자아의 정체성을 유지한다. 그러나 이런 견해는 두 가지 측면에서 비판받을 수 있다.

첫째로, 이런 견해는 몸을 도외시했다는 비판을 면할 수 없다. 몸에서 오는 시각, 촉각 등의 감각을 통해서야 뇌는 비로소 자기라는 느낌을 지닐 수 있기 때문이다. "뇌는 신체로부터 받은 세 가지 감각 정보, 시각·촉각·고유감각(공간을 점하는 팔다리 위치에 관한) 정보를 통합한다. …… 신체 의식이 교란되면 뇌에서 그 표상이 바뀌고, 자아 감각(자기감)에 심각한 변화가 올 수 있다."[50] 따라서 몸

---

50) 모레브 콘스탄디, 『일상적이지만 절대적인 뇌과학 지식』, 박인용 옮김, 반니, 2016, p.15. 프로이트도 "자아는 궁극적으로 육체적 감각에서, 주로 육체의 표면에서 나오는 감각에서 유래된 것이다. 따라서 자아는 …… 정신기관의 외관을 대표하는 것 외에 육체적 표면의 정신적 투사라고 간주할 수 있을 것이다"(지그문트 프로이트, 『정신분석학의 근본 개념』, 윤희기·박찬부 옮김, 열린책들, 2003, p.365의 주24)라고 주장하였다.

이란 단순히 뇌의 지휘를 받는 졸병이 아니라 뇌에게 자기라는 느낌을 주는 중요한 구성요소인 셈이다. 그렇기 때문에 몸으로부터 뇌로 연결되는 중추신경이 손상된다면 자기라는 느낌도 타격을 받지 않을 수 없다. "척수신경 손상환자에서 일어나는 것과 같은 뇌-몸 교통의 부분적인 봉쇄조차도 마음상태에서 변화를 일으킨다."[51]

둘째로, 이 견해는 뇌와 몸을 통제하는 호문쿨루스(Homunculus)를 가정하고 있다는 비판을 받을 수 있다. 호문쿨루스는 뇌에서 자아를 관장하는 난장이를 비유한 용어다. 이 난장이는 정신분석학자 프로이트도 인정했던 육체적 자아다. "만약 이에 대한 해부학적 유추를 찾기를 원한다면, 우리는 그것을 해부학자들이 말하는 <대뇌피질의 작은 인간>과 동일시해 보는 것이 가장 좋을 것이다. 이 난장이는 외피에 머리를 박고 서 있고 발꿈치를 곧추 세우고 얼굴을 돌리고 있으며 …… 왼쪽 부위에 언어영역을 갖고 있다."[52]

그런데 이 난장이는 우리 뇌 안에 자리를 잡고 우리 보고 이래라 저래라 명령한다. 그렇다면 이 난장이의 뇌 안에도 역시 또 다른 호문쿨루스가 자리 잡고 있지 않겠는가? 이런 식으로 물음이 무한하게 반복될 수 있다. 그렇기 때문에 호문쿨루스의 가정은 자아에 대한 적절한 설명이 될 수 없다.

뇌는 병렬구조의 거대한 분산된 신경망 조직으로 구성되어 있다. 그러므로 뇌에는 컴퓨터의 중앙처리장치(CPU)와 같은 중심도, 대장도 없다. 당연히 호문쿨루스 같은 존재는 해부학적으로도 발견할 수 없다. "뇌를 지배하는 존재 같은 것은 없다. 당신도 물론 뇌를 지배

---

51) A. Dimasio, *Descartes' Error*, Penguin Books, 2005, p.227.
52) 지그문트 프로이트, 『정신분석학의 근본 개념』, 윤희기 · 박찬부 옮김, 열린책들, 2003, p.365.

할 수 없다. 뇌에게 이제 그만 떠들고 자라고 말한다고 뇌가 잠을 자겠는가."[53]

그러나 호문쿨루스와 같은 지휘 본부에 미련을 떨치지 못하는 신경과학자들은 기능적 자기공명영상 장치(fMRA)를 이용해 자아중추를 찾아 헤매고 있다. 그들은 기억중추가 해마이고 감정의 중추가 대뇌 변연계이며 욕망의 중추가 시상하부이듯이 자아의 중추도 뇌의 어딘가에 있을 것이라고 추정한다. 그리하여 인간이 자기라는 느낌이 들 때 뇌의 어떤 부위가 강렬하게 활성화되는지 그들은 이 장치를 이용해 조사해보고 있다. 그러나 그들은 아직 찾지 못하였고 앞으로도 찾지 못할 것이다.

이런 견해를 주장하는 신경과학자들과는 반대로 자아라는 개념은 몸에 바탕을 두고 있는 뇌가 전체적으로 상호작용하여 작동함으로써 생긴다고 주장하는 신경과학자들도 있다. 이들 중에서 좌우의 분리뇌를 오랫동안 연구해왔던 가자니가는 뇌와 같은 복잡계는 호문쿨루스와 같은 지휘 본부가 없더라도 전체적으로 작동하여 자아나 의식을 창발적으로 만들어낼 수 있다고 보았다. 그렇지만 통일된 느낌을 주는 자아나 의식은 실체가 있는 게 아니라 좌뇌의 해석기가 꾸며낸 이야기, 환상에 불과하다고 그는 지적했다. "우리가 경험하는 심리적 통일성은 우리의 지각, 기억, 행동 그리고 이들 사이의 관계에 대한 설명을 만들어내는 '해석기'라는 전문화된 체계에서 창발한다. 이것으로 의식적 경험의 개별적 측면들이 논리가 통하는 온전한 하나로 묶이고 이렇게 개인만의 이야기가 탄생한다."[54]

---

53) 마이클 가자니가, 『뇌로부터의 자유』, 박인균 옮김, 추수밭, 2012, p.72.
54) 앞의 책, p.157 이하.

신경과학이 전제하는 가치와 목적은 불교에서 추구하는 가치와 목적과는 아주 다르다. 그러나 자아가 실체가 아니라 허구나 환상이라고 보는 점에서 신경과학의 성과는 불교와 만날 수 있을 것이다.

제3장

동양철학에서는 자아를 어떻게 보았나?

여기서는 불교철학, 도교철학 그리고 유교철학에서 자아를 어떻게 보았는지 살펴보자. 불교철학에서는 자아의 문제가 심각하게 다루어지고 도교철학에서나 유교철학에서도 자아의 문제가 명시적으로 언급되어 있다. 불교철학이나 도교철학은 자아를 없애려는 쪽으로 나아가지만 유교철학은 나를 내세우려 하지 않는다.

1. 불교-나는 없다

불교는 삶의 고통을 벗어나서 깨달음을 추구하려는 종교이다. 그렇기 때문에 불교는 원래 절대자를 상정하거나 형이상학적인 종교라기보다는 실존적인 종교라고 볼 수 있다. 그런 점에서 불교에서 자아를 어떻게 보았는가라는 물음도 실존적 차원에서 살펴보는 편이 온당할 것 같다.

석가가 불교를 창시하였기 때문에 그의 설법을 중심으로 자아에 관한 문제를 우선 살펴보자.

그가 불교를 창시하였을 당시의 고대 인도에서는 범아일여(梵我

一如)를 지향하는 브라만교가 지배적이었다. 그렇지만 그는 브라만교의 형이상학적 사변에 반대하였다. 그래서 그는 자아의 유무나 세계의 유한과 무한과 같은 형이상학적 물음에 관해서는 일절 답변하지 않았다. 그런 논의는 깨달음에 도달하는 데 아무런 도움도 되지 않는다고 여겼기 때문이다.

그러나 그는 실존적 차원에서는 분명히 무아를 주장했다. 제행무상(諸行無常), 제법무아(諸法無我), 열반적정(涅槃寂靜)이라는 삼법인(三法印)에 무아사상이 나오기 때문이다. 제법무아란 법인은 이 세상의 모든 것은 내 것이라고 할 수 없으며 대상에 집착하는 나도 오온(五蘊)의 가합(假合)에 불과함을 뜻한다. 바꾸어 말하자면, 일상적으로 우리가 경험하는 나는 물론 이러한 나 너머에 자리 잡고 있다고 여겨지는 궁극적인 나도 실체가 없다는 것이다.

여기서 오온이란 색(色, 인간의 몸을 포함해서 경험되는 일체의 물질현상), 수(受, 괴로움이나 즐거움 등을 받아들여 느끼는 작용), 상(想, 표상작용 또는 사고작용), 행(行, 일체의 의지적 작용), 식(識, 대상을 지각하고 분별하는 인식작용)으로 구성된다. 이와 같이 본다면 자아란 몸의 감각작용, 지각작용, 사고작용, 의지작용, 인식작용 등이 임시로 뭉쳐져서 만들어진 허구에 불과한 것이 된다. 따라서 자아란 실체가 있을 수 없다. 더 나아가서 내 것이라고 할 만한 것도 없다.

물론 불교의 무아사상에는 연기사상이 깔려 있다. 연기사상은 '이것이 있으면 저것이 있고 이것이 없으면 저것이 없다. 이것이 생기면 저것이 생기고 이것이 멸하면 저것이 멸한다'라고 요약된다. 다시 말해서, 존재하는 모든 것이 혼자서는 존립할 수 없고 타자와 관계해서만 존립하며, 인과적 조건에 따라서 생멸한다는 사상이 연기 사상이다.

그럼 연기사상에 비추어 자아를 고찰해보자. 색・수・상・행・식이라는 다섯 가지 무더기가 임시로 합쳐진 것에 불과한 자아는 독자적으로 존립할 수 있는 것도 아니고 변치 않는 영원한 것도 아니고 주재(主宰)하는 것도 아니다. 다섯 가지 무더기로 이루어져 있으니 자아는 독자적으로 존립할 수도 주재할 수도 없다. 또한 다섯 가지 무더기의 작용에 따라 자아가 달라질 수 있으니 변치 않는 영원한 것도 아니다. 더군다나 다섯 가지 무더기조차도 인과적 조건에 따라 생멸하는 것이므로 무너지는 것, 허망한 것이다. 따라서 자아도 말할 것도 없이 무너지는 것, 허망한 것이다. 그리고 내가 허망한 것이라면, 내 것도 역시 허망할 것이다.

석가는 다음과 같이 설법하였다.

> "비구들이여, 어리석고 무식한 범부들은 '몸은 <나>다. <내 것>이다. 둘의 합한 것이다. 느낌・생각・행・의식은 <나>다. <내 것>이다. 둘의 합한 것이다'고 헤아린다. 그러나 많이 아는 거룩한 제자들은 '몸은 <나>다. <내 것>이다. 둘의 합한 것이다. 느낌・생각・행・의식은 <나>다. <내 것>이다. 둘의 합한 것이다'고 헤아리지 않는다. '이 몸은 덧없는 것이다. 그래서 몸은 괴로운 것이요, 느낌・생각・행・의식도 덧없는 것이다. 그래서 이들도 괴로운 것이다. 몸에는 <나>가 없고, 느낌・생각・행・의식에도 <나>가 없다. 이 몸은 영원히 있는 것도 아니요, 느낌・생각・행・의식도 영원히 있는 것도 아니다. 몸은 무너지는 것이요, 느낌・생각・행・의식도 무너지는 것이다. 그러므로 그것들은 <나>가 아니요, <내 것>도 아니며, (그 안에) <나>와 <내 것>이 있는 것도 아니다'고."[55]

그럼에도 불구하고 이토록 허망한 자아에 사람들은 왜 집착할까? 석가는 무명(無明)의 어리석음 때문에 그렇다고 답변했다. 석가의 답변은 명쾌하지만 자아에 관한 탐색은 석가 이후에도 계속되었다.

요가를 수행하면서 마음의 작용을 깊은 곳까지 세밀하게 살핀 유식철학자들은 자아에 대한 집착이 아뢰야식에서 비롯된다고 보았다. 유식철학에서 모든 존재는 식(識), 즉 마음의 활동에 의해서 만들어진다. 식은 크게 보아 아뢰야식, 말나식, 6식의 3종으로 나뉜다. 세친은 아뢰야(Alaya)식을, 이숙식(異熟識)으로, 말나(Mana)식은 사량식(思量識)으로, 6식을 요별경식(了別境識)으로 불렀다. "(언어에 기초한) 가설의 아와 법이 갖가지의 모습으로 전변한다. 저것(아와 법)은 식의 소변(識所變)에 의지한다. 이 능변은 3종류뿐이다. <1> 이른바 (마음 [식]은) 이숙(식)과 사량(식) 및 요별경식이다."[56]

8종의 식은 좀 더 세분하면 ① 안식(眼識) ② 이식(耳識) ③ 비식(鼻識) ④ 설식(舌識) ⑤ 신식(身識) ⑥ 의식(意識) ⑦ 말나식 ⑧ 아뢰야식으로 나뉜다. 말나식과 아뢰야식은 우리가 일상적으로 알기 어려운 마음의 미세한 심층이고 안식부터 의식까지는 우리가 일상적으로 알 수 있는 감각·지각·사고 등의 마음의 표층이라고 할 수 있다. 안식부터 신식까지는 각각 시각·청각·후각·미각·촉각의 다섯 가지 감각에 해당하므로 감각작용을 하는 셈이다. 의식은 앞의 5식과 협력하여 대상을 지각하고 상상하며 추론하는 분별작용을 한다. 말나식과 아뢰야식은 초기 불교에서는 거론되지 않은 식이며 유식철학자들이 발견한 식이다. 그리고 이 두 식이 바로 자아와 직접

55) 허정 엮음, 『잡아함경』, 초롱, 2005, p.115.
56) 김명우, 『유식삼십송과 유식불교』, 예문서원, 2009, p.75.

적으로 관련되며 말나식은 자아의식이라고도 한다.

그들은 왜 사람들이 자아에 집착하는가를 마음을 깊숙이 들여다 봄으로써 밝혀내었다. 마음의 가장 깊은 곳에 자리 잡은 아뢰야식은 자아의 종자 및 일체의 종자를 함장하고 있고 말나식이 아뢰야식을 대상으로 삼아 자아로 인식한다고 그들은 보았다. 다시 말해, 말나식은 아뢰야식을 대상으로 자아를 무의식적으로 개념화해서 자아에 집착한다. "이 식은 자신의 근원적 마음인 아뢰야식을 인식대상으로 삼아 그것을 자아라고 그릇되게 생각한다. 그 작용은 의식의 영역으로는 오로지 못하기 때문에 우리는 그 작용을 알아채지 못한다. 하지만 이 자아 집착심은 말하자면 선천적인 것이며, 이미 생겨나 몸에 존재하는 것이다."[57] 그러니까 앞의 6식이 없으면 말나식도 성립할 수 없으므로 결국 자아가 있다고 하는 의식은 우리의 몸에 뿌리를 두고 있기도 하다.

세친의 『유식삼십송』을 해설한 『성유식론』에서는 아집, 즉 자아 집착심을 좀 더 자세하게 다루었다. 『성유식론』에서는 아집을 선천적으로 일어나는 아집과 후천적으로 일어나는 아집으로 나누었다.

선천적으로 일어나는 아집은 옛적부터 윤회를 통해 훈습된 마음의 종자(心種子)의 세력이므로 몸에 바탕을 두고 있다. 이 아집은 다시 두 가지로 나뉜다. "(1) 항상 상속되는 것으로서 제7식에 존재하는데, 제8식을 반연[58]하여 자기 마음의 형상을 일으키고 집착하여 진실한 자아로 삼는다. (2) 단절함이 있는 것으로서 제6식에 존재하는데, 심식이 전변한 5취온의 형상을 반연하여 전체나 개별적으로

57) 三枝充悳, 『세친의 삶과 사상』, 송인숙 옮김, 불교시대사, 1993, p.165.

58) 반연(攀緣)이란 덩굴이 나무에 의지해 타고 올라가듯이 대상에 얽매여 의지하는 상태를 뜻한다.

자기 마음의 형상을 일으키고 집착하여 진실한 자아로 삼는다."[59] 다시 말하자면, 제7식(말나식)이 제8식(아뢰야식)에 근거하여 자아가 있다고 착각하는 아집과 제6식이 색·수·상·행·식이라는 다섯 가지 무더기에 근거하여 자아가 있다고 착각하는 아집이 생긴다. 이러한 아집은 미세하므로 근절하기가 힘들다.

후천적으로 일어나는 아집은 외부세계의 힘에 의거하므로 몸에 바탕을 두지는 않는다. 이 아집은 다시 두 가지로 나뉜다. "(1) 삿된 가르침에서 교설한 5취온의 형상을 반연하여 자기 마음의 형상을 일으켜서, 분별, 계탁하고 집착하여 진실한 자아로 삼는다. (2) 삿된 가르침에서 교설한 我相을 반연하여 자기 마음의 형상을 일으켜서, 분별, 계탁하고 집착하여 진실한 자아로 삼는다."[60] 다시 말하자면, 이 아집은 잘못된 가르침으로 생기는 아집이므로 문화적인 산물이라고 할 수 있겠다. 이러한 아집은 거칠기 때문에 선천적으로 일어나는 아집보다 근절하기가 쉽다.

아무튼 유식철학에서는 자아에 관한 한 말나식이 가장 문제다. 자아에 대한 말나식의 집착 때문에 네 가지의 번뇌, 즉 아견(我見), 아치(我癡), 아만(我慢), 아애(我愛)가 생긴다. 아견은 자아가 실제로 없는데도 자아가 있다고 오인하는 견해를, 아치는 자아의 진상을 파악하지 못하고 무아의 도리를 알지 못하는 어리석음을 뜻한다. 아만은 내가 잘났다고 뻐기는 교만을, 아애는 나에 대한 애착을 뜻한다. 이 네 가지 번뇌는 오늘날 심리학자들이 거론하는 자아도취(Narcissism)

59) 이만 역주, 『성유식론 주해』, 씨아이알, 2016, p.18.
60) 앞의 책, p.19.

에 해당될 수 있을 것이다.

이러한 고뇌를 없애기 위해서는 마음의 심층에 있는 아뢰야식에까지 우리가 들어가야 한다. 그런데 아뢰야식은 말나식이 자아라고 인식하는 대상이지만 결코 고정된 실체가 아니다. 그것은 폭포수 같은 물의 흐름처럼 순간순간 생멸하면서 끊임없이 상속하는 것(恒轉如瀑流)에 지나지 않는다.[61] 따라서 아뢰야식은 고정화하고 개념화하여 파악할 수 있는 단일하고 고정된 실체로서의 자아일 수 없고 일정한 패턴도 없다. 그렇게 본다면 유식철학에서도 자아란 감각작용, 지각작용, 사고작용 등이 합쳐져 만들어진 허구이자 말나식이 아뢰야식을 대상으로 삼아 자아라고 여기는 환상에 불과하다. 이런 점에서 불교의 무아사상은 신경과학의 성과와 잘 맞아떨어진다.

물론 불교철학에서 참된 자아라는 개념도 있고 이 자아에 해당하는 여래장(如來藏, 여래가 될 수 있는 마음의 씨앗)이나 자성청정심(自性淸淨心, 누구나 본래부터 갖고 있는 맑고 깨끗한 마음) 같은 개념이 있긴 하다. 하지만 이것들은 아뢰야식처럼 실체화할 수 있는 것도 아니고 신비화해서도 안 된다.

자아에 관하여 우리를 헷갈리게 하는 견해가 용수의 『중론』에 나온다. 야스퍼스가 제2의 석가라고 불렀던 용수는 석가가 때로는 자아가 있다고 설법하고 때로는 자아가 없다고 설법하였으므로 존재의 실상에서 보면 자아가 있는 것도 아니고 없는 것도 아니라고 하

61) 불교의 아뢰야식은 헤겔이 『예나실재철학』에서 언급하는 밤에 해당할 수 있을 것이다. "인간은 이러한 밤, 모든 것을 자신의 단순성에서 포함하는 이 공허한 밤; 그 어떤 것도 그에게 떠오르지 않거나 현재적인 것으로서 존재하지 않는 무한히 많은 표상들, 영상들의 풍요로움이다. 이것은 밤, 여기에 실존하는 자연의 내면-**순수한 자기**다. 주마등 같이 스쳐 지나가는 표상들에는 도처에 밤이 있다. 여기서는 피를 온통 뒤집어 쓴 머리가 불쑥 솟아나는가 하면, 저기서는 다른 하얀 환영이 갑자기 튀어나와 쏜살같이 사라진다."(G. W. F. Hegel, *Frühe politische Systeme*, Ullstein Verlag, 1974, S.204)

였다. 그렇지만 석가는 사람의 근기에 따라 방편적으로 설법하였기 때문에 그렇게 했을 것이다.

불교에서는 연기사상이 자아와 세계를 보는 기본적인 관점이므로 자아는 연기사상에 비추어 보아야 한다. 연기사상에 비추어 본다면 자아는 생멸하는 덧없는 것에 불과하기 때문에 자아는 실체가 없는 공(空)한 것이며 따라서 자아가 없다고 보아야 한다. 그래서 용수는 "무아의 지혜를 터득한 사람은 바로 진실을 보는 자라고 말할 수 있"[62]다고 설법하였다. 그런 점에서 불교에서는 무아사상이 일관적일 뿐만 아니라 이 무아사상이 불교의 위대한 사상 중 하나이다.

한국의 현상학자들 중에는 불교의 유식철학이 후설의 현상학과 유사하다고 간주하는 사람들이 있다. 그들 중의 선구자인 윤명노의 논문 「현상학과 유식론의 비교 연구」를 통해 그런 견해를 자아와 관련하여 간략히 살펴보자.

현상학은 명증하지 않은 자연적 태도를 엎어버리고 자신의 내면으로 돌아가 사태 자체를 파악할 것을 촉구한다. 이와 유사하게 유식철학은 망념에 젖어 살아가는 사람의 일상적 태도를 무명으로 간주하여 무명을 걷어내어 마음이 짓는 망념을 제거함으로써 이 세계를 있는 그대로 보라고 권한다. "현상학과 유식론의 양측이 모두 우리의 일상적·자연적 태도를 각기 '명증성의 결여' 내지 '무명'으로 규정짓고 …… 이리하여 유식론과 현상학 양자는 모두 밖으로 객관적 세계를 향한 집착을 멈추고, 이 세계를 그것의 형성 원천인 의식 내재적 영역으로 돌아가서 의식작용과의 연관에서 밝힐 것을 주장한다."[63] 이와 같이 유식철학은 물론 현상학도 다 같이 이 세계보다

62) 용수, 『中論』, 김성철 옮김, 경서원, 2001, p.302.

는 마음의 작용에 방점을 찍는다는 점에서 유사성이 분명히 있다.

더 나아가서 그는 유식철학의 제8식인 아뢰야식을 모든 의식의 근원이자 자아의 발생적 근거로 보아 현상학의 선험적 주관성이나 자아와 아뢰야식이 유사하다고까지 주장하였다. "만일 이처럼 다양한 종류의 의식이 아뢰야식으로 일원화될 수 있다면, 이는 다름 아닌 현상학에 있어서의 선험적 의식 내지 선험적 주관성과의 철저한 유사성을 갖는다고 보아도 무방할 것이다."[64] 그렇지만 이러한 주장은 현상학과 유식철학의 유사성을 인정하더라도 좀 무리한 것 같다. 불교에서는 무아사상이 기본적이며 유식철학도 마찬가지다. 그리고 아뢰야식은 나에 대한 집착을 깨뜨리기 위해 유식철학자들이 상정한 본식에 불과할지도 모른다. 그것은 서양적 의미에서 실체도 아니고 주체도 아니다. 이와는 반대로 내면성을 추구하는 반성문화의 토대 위에서 싹튼 현상학은 선험적 자아를 찾으려고 하기 때문에 자아를 탐구하고 확보하려는 서양문화의 전통을 조금도 벗어나 있지 않다. 그렇기 때문에 우리는 자아에 관한 한 불교와 현상학은 상반된다고 보아야 할 것이다.

2. 도교-나를 잊자

도교철학에서는 무위자연(無爲自然)이 그 핵심 사상이다. 무위자연이란 인위적으로 일을 도모함이 없이 자연에 따라 살라는 뜻이다.

---

63) 윤명노, 『현상학과 유식론』, 시와 진실, 2006, p.42.
64) 앞의 책, p.55.

그래서 도교철학에서는 우선 자아를 내세우거나 앞세우지 않는다. 노자는 『도덕경』에서 공을 세우면 물러나라든가 잘난 체하거나 아는 체하지 말라고 훈계했다. 장자도 사물의 자연스러운 흐름에 순응해서 사사로움을 허용하지 말라고 요청했다.

우선 노자부터 살펴보자. 노자는 자아의 문제를 전혀 다루지 않았고 도(道)를 체득하는 것이 주요한 관심사였다. 그리하여 그는 『도덕경』 1장에서 "도는 말할 수 있으면 영원불변의 도가 아니다. …… 무명(無名)은 천지의 시초이고 유명(有名)은 만물의 어머니다"라고 하였다. 그리고 "도는 항상 이름이 없다(道常無名)"(32장)라고도 하였고 "도는 숨어 있어서 이름이 없다(道隱無名)"(41장)라고도 하였다. 그가 추구하는 도, 무위자연의 도는 이름도 없고 말로 표현할 수도 없기 때문에 도 앞에 나를 결코 상정할 수도 없고 고려할 수도 없다. 나는 자연에 동화되어 버린다.

게다가 노자는 자기를 숨기고 밀어내어 사사로움을 버림으로써 생명을 지키고 가꾸어 나가려고 하였다. "천지가 길고 오래갈 수 있는 까닭은 그것이 자기만 살려고 하지 않는지라, 그러므로 장생할 수 있다. 이 때문에 성인은 그 자신을 뒤로 하지만 도리어 자신이 앞서게 되고, 그 자신을 도외시하므로 자신의 생명이 보존된다. 그에게 사사로움이 없기 때문이 아닐까?"[65)]

노자는 자아의 문제를 직접적으로 언급하지 않았다. 이와는 달리 장자는 자아의 문제를 직접적으로 제기하였다. 『장자』의 「제물론」에 보면 남곽자기와 그의 제자 안성자유의 대화가 나온다. 어느 날 남곽자기가 멍한 채로 몸을 비스듬히 눕혀 앉아 있었다. 그때 그의 모

---

65) 노자, 『노자』, 이강수 옮김, 길, 2007, 제7장.

습을 본 그의 제자 안성자유는 그가 몸이 마른 고목과 같고 마음은 불 꺼진 재와 같아 보이니 어찌된 연유인가라고 그에게 물었다. 그러자 그는 제자의 물음을 칭찬하면서 "나는 지금 나를 잊었다(今者吾喪我)"라고 대답하였다. 여기서 오(吾)는 나라는 사람을 가리키는 1인칭 대명사이고 아(我)는 자아를 가리킨다. 그리고 상(喪)은 망(忘)을 뜻한다. 그러므로 '나를 잊었다'라는 말은 몸의 감각작용, 지각작용, 사고작용 등을 무너뜨렸다는 뜻이다. 그런 맥락에서 '나를 잊었다'는 말은 장자가 제시하는 심재(心齋)와 좌망(坐忘)의 경지로 이어질 수 있다.

심재와 좌망은 공자와 안회의 대화 도중에 나온다. 심재란 감각작용, 지각작용 등을 끊어 마음을 비운 경지를 뜻한다. 심재란 무언인가라는 안회의 질문에 공자는 다음과 같이 대답하였다. "너는 뜻을 한결같이 해야 한다. 사물의 소리를 귀로 듣지 말고 마음으로 들으며 또 마음으로 듣지 말고 氣로 들어야 한다. 귀는 감각적인 소리를 듣는 데에 그치고 마음은 지각에서 멈추지만 기는 마음을 비워서 사물을 기다리는 것이다. 도는 오직 마음을 비우는 곳에 응집한다. 마음을 비우는 것이 마음을 재계하는 것이다."66)

좌망은 호오와 집착을 끊어서 나를 잊은 경지를 뜻한다. 공자의 제자 안회는 인격 수양 도중에 인의(仁義)와 예악(禮樂)을 잊었다고 말하였지만 공자로부터 아직 멀었다고 핀잔을 들었다. 인의와 예악을 잊어버리는 것이 무위자연의 도에 이르는 충분조건은 아니기 때문이다. 그러다가 그는 어느 날 좌망에 도달했다고 선언하였다. 공자가 놀라서 그에게 좌망이 무엇이냐고 물었다. 안회는 다음과 대답

66) 장자, 『장자』, 안병주 · 전호근 공역, 전통문화연구회, 2007, p.161.

했다. "사지백체를 다 버리고 이목의 감각작용을 물리치고 육체를 떠나고 지각작용을 없애서 대통의 세계와 같아졌을 때, 이것을 좌망이라고 합니다."[67]

우리가 「제물론」의 '오상아(吾喪我)'와 연결해서 심재와 좌망을 고려해본다면, 심재와 좌망에서도 몸의 감각작용, 지각작용, 사고작용 등이 자아를 만들어내고 이 자아가 호오와 집착을 자아낸다. 호오와 집착을 없애버리려면 몸의 감각작용, 지각작용, 사고작용 등을 무너뜨려 자아를 잊어버려야 한다는 것이다.

장자의 만물제동(萬物齊同)의 사상에서는 자아가 직접적으로 거론되진 않지만 비집고 들어갈 틈이 전혀 없다. 만물제동이란 만물은 천태만상이어서 차별이 있지만 도를 통해 본다면 무차별의 하나가 되어 같다는 뜻이다. 장자는 「제물론」에서 "가느다란 풀의 줄기와 거대한 기둥, 추한 여인과 아름다운 서시 그리고 온갖 괴이한 현상은 도를 통해 보면 모두 하나가 된다"고 하였고 「전자방」에서는 "무릇 천하란 만물이 하나인 바를 말하고 있다. 만물은 이 하나인 바를 얻음으로써 같아진다"고도 하였다. 이런 도의 관점에서는 생사, 시비, 득실, 미추 등의 차별은 저절로 없어진다. 그렇다면 나와 너의 차별은 물론 나도 사라질 수밖에 없을 것이다.

도교철학에 영향을 받은 권법이나 예술도 자아 망각의 사상이 나온다. 중국 송나라 때 만들어진 태극권에는 사기종인(捨己從人, 자기를 버리고 남을 따라감), 송(鬆, 느슨함) 등의 구결이 있다. 그러니까 이 구결들은 자기를 잊어버려야 몸에 힘이 들어가지 않고 자연스럽게 몸이 움직일 수 있음을 똑같이 말하고 있다. 동양에서는 태극권

67) 앞의 책, p.309 이하.

과 같은 권법뿐만 아니라 미술과 음악과 같은 예술도 나를 잊어버리려는 경향을 띤다.

3. 유교-나를 내세우지 않는다

불교에서는 나에 대한 집착을 끊기 위해서 나를 끊임없이 지우려 하며 도교에서는 자연과 하나가 되기 위해서 나를 끊임없이 잊어버리려고 한다. 그 반면에 유교는 나를 지워버리거나 잊어버리려고 하지는 않고 자아나 자기를 전면적으로 부정하지는 않는다. 단지 나를 내세우려고 하지 않을 뿐이다.

유교는 불교와 도교에 비해서 훨씬 세속적이기 때문에 유교적 문화에서는 입신양명(立身揚名, 출세하여 이름을 떨침)이 당연시될 뿐만 아니라 중시되기까지 한다. 이렇게 본다면 유교적 문화는 나를 내세우는 문화가 아닌가 하는 의심이 들 수 있다. 그러나 유교에서는 입신양명을 부모에게 효도하고 가문을 빛내는 일로서 간주하였다. 그렇기 때문에 입신양명은 개인의 차원에서 고려되기보다는 인륜이나 공동체의 차원에서 고려되어야 할 것이다. 이런 맥락에서 앞의 의심은 타당할 수 없다.

유교를 창시한 사상가는 공자이니 유교를 알고자 하면 뭐니 뭐니 해도 공자의 사상을 우선 살펴보아야 할 것이다. 공자의 사상은 공자와 제자들의 문답을 기록한 『논어』에 가장 생생하게 드러나 있다. 그리하여 『논어』에서 공자가 자아를 어떻게 보았는지를 살펴보자.

『논어』에 나오는 공자의 가르침에는 자아와 관련된 여러 용어들이 나온다. 그것들은 아(我), 오(吾), 기(己) 등이다. 이 용어들은 '나'를 가리키는 동시에 '나'와 관련된 용어들이지만 그 쓰임새가 조금씩 다르다.

우선 아(我)와 오(吾)부터 김용옥의 해설을 통해 살펴보자. "먼저 '오(吾)'라는 첫 글자에 주목할 필요가 있다. 오(吾)는 『논어』에서 주격과 소유격으로 쓰인다. …… 그런데 『논어』에서 '나'라는 주격으로 오(吾)만이 쓰이는 것은 아니다. …… '맹손문효어아 孟孫問孝於我, 아대왈 我對曰' 운운한 것을 보면, 아(我)는 주격으로도 쓰이고 전치사나 동사의 목적격으로도 쓰인다. 그러나 오(吾)는 목적격으로 쓰일 수 없다. '맹손문효어오 孟孫問孝於吾'라고는 할 수 없다. 그리고 '나를 따르는 자'라 할 때, '종아자 從我者'는 가능해도 '종오자 從吾者'는 불가능하다. 그렇다면 주격으로 오(吾)와 아(我)의 차이는 무엇일까? 실제적으로 뚜렷한 차이가 없지만, 오(吾)의 경우는 보다 주관적이고 사적인 느낌이 강하고, 어떤 행위의 지속의 주체로서의 느낌이 강하다. 아(我)의 경우는 '나'의 행위를 단절시켜서 객관적으로 서술하는 느낌이 강하다."[68] 이와 같이 오(吾)와 아(我)가 1인칭 주어로서 둘 다 사용되었지만 오(吾)가 주로 많이 사용되었으며 '나'가 대상이 될 때에는 아(我)가 사용되었다. '나'와 관련된 용어인 오(吾)와 아(我)가 두루 쓰였다는 점에서 '나'에 관한 확고한 의식을 우리는 엿볼 수 있다.

'나'와 관련된 또 다른 용어인 기(己)는 『논어』 도처에 등장한다. 기(己)는 자기 성찰의 용어인데 두 가지로 사용된다. 그것은 '나'를 대상으로서 가리킬 때 사용되기도 하고 '나'를 반성할 때 사용되기

68) 김용옥, 『논어한글역주』 1, 통나무, 2010, p.448.

도 한다.

'나'를 대상으로서 가리킬 때 사용되는 경우는 "남이 자기를 알아주지 않음을 걱정하지 말고 남을 알아주지 못함을 걱정하라(不患人之不己知, 患不知人也 「학이」)", "자기가 하고 싶지 않은 일을 남에게 시키지 마라(己所不慾 勿施於人 「안연」)" 등이 있다. '나'를 반성할 때 사용되는 경우는 "경으로서 자기를 닦고 …… 자기를 닦아서 사람을 편안하게 하고 …… 자기를 닦아서 백성을 편안하게 한다(修己以敬 …… 修己以安人 …… 修己以安百姓 「헌문」)", "군자는 자기에게서 찾고 소인은 남에게서 찾는다(君子求諸己, 小人求諸人 「위령공」)" 등이 있다. 이렇게 본다면 『논어』에서는 자아에 대한 의식이라든지 자기 성찰의 계기가 이미 함축되어 있다고 할 수 있을 것이다.

『대학』에서는 "자기 몸과 마음을 수양하여 집안을 가지런히 하고 나라를 다스려 천하를 안정시킨다(修身齊家治國平天下)"라고 하였다. 그리고 공자는 『논어』 「안연」에서 "인을 행하는 것은 자기에게 달려 있지 어찌 남에게 달려 있겠는가(爲仁由己 而由人乎哉)"라고 말하였다. 따라서 자기가 가정과 세상을 경영하는 토대이자 인을 행하는 중심인 셈이다.

그럼에도 불구하고 공자의 인(仁) 사상에는 자기를 내세우지 않으려는 흐름이 분명히 들어 있다. 공자는 안회가 인이 뭐냐고 묻자 그는 "자기의 사욕을 이기고 예로 돌아가는 것이 인이다(克己復禮爲仁 「안연」)"라고 대답하였다. 또한 제자 중궁(仲弓)이 인에 대해 공자에게 묻자, 그는 "자기가 하고 싶지 않은 일을 남에게 시키지 마라(己所不慾 勿施於人 「안연」)"고 대답하였다. 공자는 여기서 이기심과 사사로운 욕심을 경계한다고 봐야 할 것이다. 인이란 "자기가 서고 싶으면 남도 세워 주고 자기가 어떤 일을 이루고 싶다면 남도 그 일을 이루도록 해 주는 것(己欲立而立人 己欲達而達人 「옹야」)”이기 때문에 남을 배려하려는 적극적인 뜻도 있다. 또한 인은 “남을 사랑하는 것(愛人 「안연」)”이기 때문에 자기중심적이지 않고 어질고 따뜻하고 공손한 마음이 드러나 있다.

이러한 인(仁) 사상에 근거해 유교에서는 말이 많든지 말을 앞세우거나 그럴싸하게 꾸미는 짓, 즉 교언영색(巧言令色)을 배격한다. 이러한 짓은 잘난 체하여 나를 내세우려는 위선적 태도이기 때문이다. 그리하여 공자는 “군자는 말을 어눌하고자 하고 실행은 민첩하고자 하고(君子欲訥於言而敏於行 「이인」)” “군자는 태연하되 교만하지 않고 소인은 교만하되 태연하지 못하다(君子泰而不驕, 小人驕而不泰 「자로」)”고 지적하였다.

유교철학에서는 자아나 자기는 인륜적 관계 안에 또한 숨어버린다. 맹자는 오륜, 즉 부자유친(父子有親, 아버지와 아들 사이에는 친애가 있어야 한다), 군신유의(君臣有義, 임금과 신하 사이에는 의리가 있어야 한다), 부부유별(夫婦有別, 남편과 아내 사이에는 구별이 있어야 한다), 장유유서(長幼有序, 어른과 아이 사이에는 순서가 있어야 한다), 붕우유신(朋友有信, 친구 사이에는 믿음이 있어야 한다)을 제시하였으며 그 뒤에 주희는 맹자의 오륜을 도덕의 근본으로 삼았다. 이런 인륜적 관계에서는 자아나 자기가 비집고 나올 틈은 없는 것 같다.

게다가 『논어』에는 무아를 강조하는 곳도 있다. 『논어』 「자한」에는 “공자는 네 가지를 끊었으니 사사로운 뜻이 없고 기필코 하려고 함도 없으며 고집도 없고 나를 내세우려는 사사로움도 없다(子四絶

毋意 毋必 毋固 毋我)”라고 하였다. 여기서 무아(毋我)의 毋자는 금지하는 말이 아니라 없음을 뜻한다. 이 무아(毋我)는 불교의 삼법인에 나오는 무아(無我)와 뜻이 통하는 바가 있지만 조금 다르다. 불교에서 아(我)란 실체가 없는 환(幻)에 불과하다. 그렇지만 여기서 아(我)란 자기중심적인 태도나 이기심을 뜻한다. 이와 같이 유교철학은 자아나 자기를 전면적으로 부정하지는 않지만 내세우지도 않고 내세우는 것을 경계한다.

동양의 문화에도 '나'라는 용어도 있고 '나'라는 개념도 있다. 그렇지만 서양의 문화에서처럼 자아를 탐구하고 확보하기 위해 자아의 개념을 추상화하여 공들여 만들어나가는 노력이나 시도는 없다. 동양의 문화에서는 나를 내세우기보다는 죽이려는 경향이 일반적이라고 할 수 있을 것이다.

4. 이용휴의 「환아잠」

서양에만 나를 강조하는 문화가 있었지 동양에는 그런 문화가 아예 없었는가? 꼭 그렇지는 않다. 도(道)든지 리(理)든지 인륜이든지 보편적인 법칙과 규범이나 질서를 강조하던 동양의 문화에서도 특이하게도 나를 강조했던 선비가 조선에 있었다. 그는 18세기의 재야의 선비로서 그 당시 문단의 지주가 되었던 이용휴다. 이용휴는 성리학이 주류이던 그 당시에 양명학에도 깊은 관심을 보였다. 그는 「아암기(我菴記)」와 「환아잠(還我箴)」이라는 짧은 글 등에서 나를 강조하였다. 우선 「아암기」부터 살펴보자.

"나와 남을 놓고 보면, 나는 친하고 남은 소원하다. 나와 사물을 놓고 보면 나는 귀하고 사물은 천하다. 그런데도 세상에서는 도리어 친한 것이 소원한 것의 명령을 듣고, 귀한 것이 천한 것에게 부려지는 것은 무엇 때문인가? 욕망이 그 밝음을 가리고, 습관이 참됨을 어지럽히기 때문이다. 이에 온갖 감정과 여러 행동이 모두 남들을 따라만 하고 스스로 주인이 되지 못한다. 심한 경우에는 말하고 웃는 것이나 얼굴 표정까지도 저들의 노리갯감으로 바치며, 정신과 사고와 땀구멍과 뼈마디 하나도 나에게 속한 것이 없게 되니, 부끄러운 일이다."[69]

나를 지워버리려고 하거나 잊어버리려고 하거나 내세우려고 하지 않는 동양의 문화에서 이례적으로 나를 강조하는 이런 글은 얼핏 보기에 뭔가 어울리지 않는 듯이 보인다. 그러나 이 글의 의도는 나는 나라는 자기의식을 확보하려고 하는 것도 아니고 객체와 대립해서 그것을 지배하려는 주체를 확립하려는 것도 아니다. '가는 곳마다 주인이 되어라(隨處作主)'고 일갈한 선사 임제처럼 내가 내 삶의 주인공이 되어야 한다고 그는 주장한다. 내가 욕망과 습관의 노예가 되어 살아간다면 남의 뜻에 따라 움직이게 되고 재물의 부림을 받아 내 삶의 주인공이 될 수 없다. 그러므로 내가 내 삶의 주인공이 된다는 것은 내가 제멋대로 살아간다는 의미도 아니고 나를 내세우려는 것을 뜻하지도 않는다. 「아암기」 마지막에 '남과 나는 평등하며 만물은 하나의 몸이다'는 구절을 덧붙인 까닭은 무엇일까? 이 구절은 천지만물이 하나의 몸이라는 양명학의 사상을 드러내는 것일까. 그럴 수도 있겠지만 이 세상은 나와 남이 함께 어우러져 살고 만물이 하나가 되는 곳임을 밝힘으로써 내가 내 삶에서 주인공이 된다는 것

69) 이용휴, 『나를 찾아가는 길』, 박동욱·송혁기 옮기고 씀, 돌베개, 2014, p.73.

이 나를 내세우려는 것이 아님을 강조하기 위함이 아닐까.

「환아잠」은 시골에서 훈장노릇을 하며 곤궁하게 살아가고 있는 제자 신의측에게 그가 지어준 글이다. 이 글은 재물이나 명성 그리고 권세를 추구하기 위해서 남의 눈치나 보고 남의 뜻에 영합해서 살아가려 하지 말고 초심의 나로 돌아가 당당하게 살아갈 것을 주문하는 글이다.

> "나 그 옛날 첫 모습은 순수한 천리 그대로였는데, 지각이 하나 둘 생기면서 해치는 것들 마구 일어났네. 뭐 좀 안다는 식견이 천리를 해치고 남다른 재능도 해가 되었지. 타성에 젖고 인간사에 닳고 닳아 갈수록 그 속박을 풀기 어렵네. 게다가 다른 사람 떠받드는 이들이 아무개 어른, 아무개 공 해가면서, 대단하게 끌어대고 치켜세워주니 몽매한 이들을 꽤나 놀라게 했지. 옛 나를 잊어버리고 나자 참 나 또한 숨어버리고, 일을 위해 만든 일들이 나를 타고 내달려 돌아올 줄 모르네. 오래 떠나 있다가 돌아갈 마음 일어나니 마치 꿈 깨자 해 솟아오르듯, 몸 한번 획 돌이켜 보니 벌써 집에 돌아와 있구나. 주변의 광경은 달라진 것 없는데 몸의 기운 맑고 평화롭도다. 차꼬를 풀고 형틀에서 벗어나니 나 오늘 새로 태어난 듯! 눈 더 밝아진 것 아니고 귀 더 밝아진 것도 아니라, 하늘이 내린 밝은 눈 밝은 귀가 옛날과 같아졌을 뿐이로다. 수많은 성인이란 지나가는 그림자일 뿐 나는 나에게 돌아가기를 구하리라. 갓난아기나 어른이나 그 마음은 하나인 것을."[70]

참된 나를 찾아가는 일이 오늘날 절이나 책에서 유난히 유행하고 있다. 얼핏 보기에 이런 유행이 이 글과 꼭 맞아 떨어지는 듯이 보인다. 그러나 이 글은 앞의 글과 마찬가지로 오늘날의 자아탐구와 자아실현의 시각과는 어긋난다.

---

70) 앞의 책, p.77 이하.

성리학에서는 성(性)이란 하늘의 이치로부터 나온 것이기 때문에 성이 곧 리(理)이다. 그 반면에 양명학에서는 인간의 마음 밖에 하늘의 이치가 따로 있는 게 아니므로 마음이 곧 리이다. 그리하여 인간의 마음은 본래 순수하고 선하다. 갓난아기나 어른의 마음이 하나라는 그의 말은 양명학의 사상을 따르고 있는 듯하다.

누구나 품고 있는 이 선한 마음이 세파에 시달려 때가 묻고 사사로운 욕심에 가려져 상실된다. 즉, 그런 사람은 초심이나 본래의 마음을 잃어버리게 된다. 그러나 그런 사람이라도 태어나 누구나 품고 있는 본래의 마음으로 돌아간다면, 다시 말해 참된 나로 돌아간다면 새로 태어난 듯 자유롭고 눈과 귀가 밝아질 것이다. 이런 식으로 이해한다면 이 글은 자아를 실체나 주체로서 탐구하고 해석하는 서양의 문화와는 전혀 다르게 보일 것이다.

오늘날 한국인들은 알게 모르게 서양문화에 너무 깊이 젖어 들어 있어서 18세기 조선의 선비가 자아탐구와 자아실현에 매진한 듯이 착각하기 쉽다. 그건 잘못된 시각이다. 이용휴가 나로 돌아가자고 말하더라도 그 말은 요즘 사람들처럼 자기 위주로 이기적으로 살아가자는 것을 뜻하지도 않고 내가 세계의 중심이라는 것을 뜻하지도 않는다. 나에게 집착하자는 뜻도 아니다. 그리고 서양의 문화에서처럼 자아의 개념을 탐구하고 자아를 확보하려는 노력이나 시도도 그의 글에는 나타나지 않는다. 게다가 여기에 나오는 '나'는 서양철학에서 거론되는 사유하는 실체도 아니고 선험적 자아도 아니고 더군다나 경험적 자아도 아니다. 그것은 실체와 주체의 차원에서 논의될 수 있는 '나'가 아니다. 동양문화의 맥락에서 이해해야 할 '나'이다.

수많은 성인들을 그림자로 간주하고 나로 돌아갈 것을 권유하는 그의 말은 '부처가 오면 부처를 죽이고 조사가 오면 조사를 죽여라'는 임제의 설법[71]이 연상된다. 옛 사람들의 권위나 고정관념을 벗어나라는 뜻일 것이다. 그리하여 내가 돌아갈 나는 바로 나의 순수하고 선한 마음이자 성리학에서 말하는 인간의 본성이리라. 달리 말하자면, 불교에서 말하는 자성청정심(自性淸淨心)에 상응한다고나 할까.

71) 무비 풀어씀, 『작은 임제록』, 염화실, 2008, p.153 이하를 참조하라.

제4장

자아도취(Narcissism)

1. 나르시시즘이란?

나르시시즘이라는 용어[72]는 아주 오래된 용어는 아니다. 그것은 19세기 말에 이르러서야 서양의 정신의학자들이 나르키소스 신화에 근거해 처음으로 만들어 사용했다. "나르키소스에 관한 옛 신화를 심리적 장애와 결부시켰던 최초의 인물은 19세기 후반 성(性)의학자인 에리스였다. 그는 당시에 성도착증으로 간주되던 동성애를, 남성이나 여성이 적절한 이성을 사랑하지 않고 자신을 투영하는 다른 남성이나 여성을 각각 사랑하는 자기 사랑의 병리현상으로 보았다. 따라서 에리스의 작업을 논평하는 중에 네케가 만들어냈던 새로운 용어인 나르시시즘을 옥스퍼드 영어사전에서는 '병적인 자기 사랑 또는 자기 감탄'으로 정의하고 있다."[73]

에리스와 네케가 선구적으로 나르시시즘을 다루긴 했지만 그것을 본격적으로 다룬 사람은 정신분석학의 창시자 프로이트다. 그는 20세기 초반에 이르러 나르시시즘에 관한 논문에서 나르시시즘 개념을 정

72) 여기서는 나르시시즘을 자아도취라고도 표현하겠다.
73) 제레미 홈즈, 『나르시시즘』, 유원기 옮김, 이제이북스, 2002, p.8.

신분석학에 도입해 자아의 발달을 위한 개념으로 사용하였다. 그는 이 논문에서 나르시시즘을 자기애(自己愛)라는 의미로 사용하였다. 그에 따르면 인간은 태어나 처음에는 자기에게 리비도를 집중함으로써 나르시시즘의 성향을 으레 띤다. 이 시기는 항문기와 구순기에 해당할 것이다. "인간은 애초부터 자기 자신과 자신을 돌봐주는 여자라는 두 성적 대상을 지니고 있다. 그렇기에 우리는 보든 사람들에게는 근원적으로 나르시시즘의 성향이 있으며, 어떤 경우에는 그 나르시시즘이 대상 선택에 있어서 지배적인 역할을 한다고 설명하는 것이다."[74)]

그러다가 인간이 성장하여 자아가 발달함에 따라 자기 자신을 포기하고 외부의 대상에 리비도를 집중함으로써 나르시시즘이 극복된다. 가령 사춘기의 이성(異性)에 대한 관심과 사랑이 그 대표적인 예다. 그러나 인간이 어른이 되어서도 자아의 리비도 집중이 이 외부의 대상으로부터 자기로 다시 후퇴하여서 이상적 자아를 추구한다면 나르시시즘은 병적인 것이 될 수 있다. 인간이 자아가 발달함에 따라 나르시시즘으로부터 멀어지지만 그만큼 원래의 나르시시즘으로 돌아가려는 욕구도 강해지기 때문이다. 이런 점에서 자식을 향한 부모의 저돌적인 사랑도 나르시시즘일 수 있다고 프로이트는 지적하였다. "자식은 부모보다 더 좋은 시대를 누려야 하고 …… 자식이 모든 존재의 중심이며 핵심이 되어야 하는 것이다. 그리고 아이는 부모가 이루지 못한 꿈을 이뤄야 한다. …… 이 모든 것은 현실의 압박을 심하게 받아 자아의 불멸성이 위협을 받는 부모의 나르시시즘이 자식에게서 피난처를 찾아 안정된 위치를 유지하려는 것에 불과하다. …… 다시 되살아난 부모의 나르시시즘, 이것이 바로 부모의

74) 지그문트 프로이트, 『정신분석학의 근본 개념』, 윤희기·박찬부 옮김, 열린책들, 2003, p.47.

사랑이기 때문이다."[75]

그리하여 프로이트 이후 나르시시즘은 심리학에서 인격장애, 성도착 등 여러 가지 방식으로 해석되었다. 나르시시즘이란 용어는 이렇게 다양한 방식으로 사용되었지만 여기서는 일반적으로 통용될 수 있는 방식으로 이 용어를 정의해보겠다. 나르시시즘이란 자기를 세상의 중심에 두고 애착하는 심리를 가리킨다.

그런 점에서 오늘날 사람들은 누구나 나르시시즘에서 벗어나지 못하고 정도의 차이가 있지만 나르시시즘적 경향을 띤다. 그렇다고 해서 그들이 살아가는 데 나르시시즘으로 큰 지장을 겪는 건 아니다. 그렇지만 나르시시즘은 정도가 지나치면 인격장애, 정신장애를 불러일으킨다.[76] 이런 인격장애에 빠진 사람들은 자기밖에 모르고 남의 찬사만 바라기 때문에 남을 이용하고 괴롭힌다. 더군다나 그들은 턱도 없이 자존심만 강해서 제멋대로 살아간다. 미국 정신의학협회에서는 자아도취적 인격 장애자의 특성을 다음과 같이 열거하였다. "1. 거창하기만 하는 자존감을 갖고 있다. 2. 무한정한 성공과 권력, 재기, 아름다움, 이상적 사랑에 대한 환상에 사로잡혀 있다. 3. 자신을 '특별하다'고 믿는다. …… 4. 과도한 존경을 요구한다. 5. 특권의식을 갖고 있다. …… 6. 대인관계에 있어 착취적이다. …… 7. 공감을 하지 못한다. 8. 자주 다른 사람을 질투하거나, 다른 사람이 자신을 질투한다고 믿는다. 9. 거만하고 오만한 행동이나 자세를 보인다."[77]

---

75) 앞의 책, pp.69~70.

76) 정신장애의 개념은 규범적 가치판단을 수반하므로 모호할 수 있다. 예컨대 동성애는 20세기 중반까지만 해도 정신장애였지만 21세기에는 그렇지 않다. 사미르 오카샤, 『과학철학』, 김미선 옮김, 교유서가, 2017, p.211이하를 참조하라.

77) 린다 마르티네즈 루이, 『왜 그 사람은 자기밖에 모를까』, 송정은 옮김, 수린재, 2011, p.34를 참조하라.

나르시시즘은 정신의학에서 나온 용어로서 심리적인 인격장애이긴 하다. 하지만 그것은 문화적 현상이기도 하기 때문에 심리학이라는 좁은 영역에 가둘 필요는 없을 것 같다. 그것은 넓게 본다면 인간이 자아를 확보하고 탐구하려는 문화로부터 비롯된다고 할 수 있을 것이다.

2. 나르키소스 신화와 이 신화의 문학적·예술적 수용

1) 나르키소스 신화

나르시시즘이라는 용어와 개념은 나르키소스 신화라는 서양의 고대신화로부터 유래되었다. 그렇기 때문에 이 신화의 내용을 자세히 살펴볼 필요가 있다. 나르키소스 신화는 로마의 시인 오비디우스의 『변신 이야기』 등에 나온다. 대강의 줄거리는 다음과 같다.[78]

물의 요정 리리오페는 강의 신 케피소스에게 겁탈당해 나르키소스를 잉태했다. 리리오페는 나르키소스를 낳자 예언자 테레시아스를 찾아가 그에게 아이의 운명을 물었다. 그는 나르키소스가 자신을 알지 못한다면 오래 살 것이라고 예언했다. 그의 예언대로 나르키소스의 운명은 전개되었다.

나르키소스가 열여섯 살 되었을 때 그는 아름답고 부드러운 외모로 숱한 젊은이들과 소녀들로부터 사랑을 받았다. 그러나 그는 그들을 오만하게 외면하고 멸시하였다. 숲의 요정인 에코도 그를 사랑하였지만 그에게 퇴짜를 맞았다. 그리하여 멸시당한 무리 가운데 한

---

78) 오비디우스, 『변신 이야기』, 천병희 옮김, 숲, 2005를 여기서는 참조했다.

명이 하늘을 향하여 '그도 이렇게 사랑하다가 사랑하는 것을 얻지 못하게 하소서'라고 저주하였다.

어느 날 그는 사냥에 지쳐서 깊은 산속의 은밀한 샘물가에 쉬게 되었다. 그는 목을 축이려 샘물에서 물을 마시려다가 물에 비친 자신의 아름다운 모습을 발견하였다. 그는 그림자 같은 그의 모습에 반하여 사랑에 빠졌다. 하지만 그는 물에 비친 그의 모습에 가까이 다가가려 했으나 도저히 그렇게 할 수 없었다. 그럴수록 그의 마음은 사랑으로 더욱더 타올랐다. 그는 물에 비친 그의 아름다운 모습이 자신인 줄도 모르고 그 모습을 하염없이 바라보며 애를 태웠다.

어떤 때 나뭇잎이 샘물에 떨어져 물에 비친 그의 아름다운 모습을 일그러뜨리면 그는 상처받고 괴로워했다. 그러다가 그는 물에 비친 제 모습이 자신이 하는 대로 따라 움직인다는 것을 알아차리고 그가 사랑하는 자는 그 자신임을 알게 되었다. 그래서 그는 그 자신에 결코 다가설 수 없음을 깨닫게 되었다. 그럼에도 불구하고 그는 그 자신을 포기하지 않고 샘물가를 떠나지 않았다. 결국 그는 상사병에 걸려 시름시름 앓다가 에코가 지켜보는 가운데 샘물가에서 죽었다. 그가 굶어 죽었다든가 물에 빠져 죽었다든가 하는 이야기도 있지만 이 신화의 결말은 항상 나르키소스의 죽음으로 끝난다.

이 신화는 오늘날 나르시시즘을 이해하는 데 결정적인 열쇠를 제공한다. 이 신화는 여러 갈래로 해석할 수 있겠지만 심리학자 마츠의 해석을 들어보자.

"· 어린 시절의 관계 결핍으로 인한 한 남자의 비극적 운명
· 상대의 애정공세를 오만한 태도로 거부하는 것은 상대와 사랑을 나눌 능력이 없음을 드러내는 것-어린 시절 애정 결핍의 결과

- 요정 에코처럼 자아도취자에게 빠진 사랑의 비극적 결말
- 애정 결핍일 때 자신을 환상적으로 되비추는 것은 필수
- 거울에 비친 제 모습이 아주 조금만 일그러져도 민감하게 반응하고 수치를 느낌
- 자기중심주의의 치명적 위험"[79]

마츠는 어린 시절의 애정결핍이 나르시시즘을 유발한다는 자기심리학에 맞추어 이 신화를 해석했는데 이 신화에 함축된 주제인 자아도취의 비극성을 정확하게 지적하였다. 이 신화에서 보면 리리오페는 겁탈당해 낳은 자식 나르키소스에게 애정을 쏟지 않았고 그 결과 그는 자아도취에 빠져 남들에게 치명적인 상처를 주었을 뿐만 아니라 자신을 죽음으로 몰아넣었다.

나르키소스의 신화는 그의 죽음으로 끝나지 않는다. 나르키소스가 죽은 뒤 누구나 그처럼 자아도취에 빠질 수 있다는 기막힌 이야기를 괴짜 작가 오스카 와일드는 그의 산문시 「제자」에서 우리에게 들려준다.

> "나르키소스가 죽자, 들판의 꽃들은 몹시 슬퍼하면서 강물에게 그를 애도하기 위한 물방울을 달라고 청했어요. 그러자 강물은 이렇게 대답했어요. '그럴 수 없어요. 내 물방울들이 모두 눈물이 된다면, 내가 나르키소스를 애도하는 데 필요한 물이 부족해질 거예요. 난 그를 사랑했어요.' 그러자 들판의 꽃들이 말했어요. '아! 어떻게 나르키소스를 사랑하지 않을 수 있었겠어요? 그렇게 아름다운 청년을 말이에요.' '그가 아름다웠나요?' 강물이 물었어요. '누가 그걸 당신보다 잘 알 수 있을까요? 그는 매일 당신 기슭에서 몸을 숙여 당신 물속에 자신의 아름다운 모습을 비춰 보았는걸요.' 그러자 강물이 대답했어요. '내가 그를 사랑했던 것은, 그가 내 위로 몸을 숙일 때마다 그의 눈 속에 비친 내 모습을 볼 수 있었기 때문이랍니다.'"[80]

---

79) 한스 요하임 마츠, 『나는 아직도 사랑이 필요하다』, 류동수 옮김, 애플북스, 2013, p.15.

그러면 이 신화를 확대 해석해서 서양문화 전체를 자아도취적이라고 해석해야 하는가? 그렇게 해석하는 건 좀 무리한 것 같다. 자아를 확보하고 탐구하려는 경향이 곧바로 자아도취를 의미하는 건 아니기 때문이다. 그런 경향은 자아도취가 무럭무럭 자랄 수 있는 기름진 토양에 불과하다. 그러나 그런 경향이 서양문화에 내재해 있고 서양의 문학과 예술에서 이 신화를 확대 재생산해왔기 때문에 서양문화는 얼마든지 자아도취를 조장할 수 있는 가능성이 크고 실제로 그런 문화이다. 자본주의가 일상생활에까지 깊이 파고들어간 20세기에 이르러서는 자아도취도 일상화되었을 뿐만 아니라 전염병처럼 사회에 널리 퍼지게 되었다.

오늘날의 정신분석학에서는 유아기의 애정결핍이 나르시시즘의 주요한 원인이라고 진단한다. 그렇다면 어릴 때 애정결핍이 없었던 사람도 왜 자아도취에 종종 빠지는가? 동양에는 왜 자아도취가 거의 없었던가? 그리고 현대에 이르러 왜 자아도취 경향이 강해지는가? 물론 유아기의 애정결핍이 인격적 장애를 일으킬 수 있다. 우리 주위에서도 그런 사례를 많이 발견할 수 있기 때문이다. 그러나 앞의 진단은 리비도의 퇴행이 자아도취를 유발한다는 프로이트의 견해와 마찬가지로 이런 의문들을 제대로 설명할 수 없을 뿐만 아니라 자아도취를 개인적인 문제 또는 기껏해야 기족적인 문제로 환원해버리게 될 것이다.

그 대신에 나를 탐구하고 확보하려는 문화가 자아도취를 유발하는 가장 중요한 요인이라고 본다면 앞의 의문들은 대체로 다 설명될 수 있다. 나를 탐구하고 확보하려는 문화는 서양에서 싹텄고 이런 문화는 근대에 이르러 서양에서 자리를 잡았으며 자본주의가 발달함에

---

80) 오스카 와일드, 『와일드가 말하는 오스카』, 박명숙 옮김, 민음사, 2016, p.153.

따라 강화되었다. 그리고 자아도취 경향도 이에 따라 움직였다. 동양에서는 자아도취 경향이 본래 거의 없었는데 서양문화가 동양에 침투함에 따라 그런 경향이 자리를 잡고 서양에 못지않게 강화되었다.

그리고 나르키소스 신화는 자기애를 보여주는 대표적인 신화이므로 자아를 확보하고 탐구하려는 경향의 일단을 잘 보여준다. 그렇기 때문에 근대에 이르러서 서양에서 나르키소스 신화가 예술가들의 주목을 받았고 19세기 말에는 정신의학자들이 이 신화를 본떠서 나르시시즘이라는 병명을 지었고 프로이트와 그의 후예들이 그것을 정신분석적으로 다루었던 셈이다. 따라서 나르시시즘이란 나를 탐구하고 확보하려는 문화의 토양 위에서만 성장할 수 있는 인격적 장애라고 보아야 할 것이다.

2) 오스카 와일드의 『도리언 그레이의 초상』

나르키소스의 신화는 줄곧 서양의 예술과 문학에 많이 이용되어 왔으며 16세기 이후에는 많은 화가들이 이 신화를 소재로 그림을 그렸다. 오스카 와일드의 유일한 소설인 『도리언 그레이의 초상』도 역시 이 신화를 바탕으로 쓰인 소설이다.

1890년에 발표된 이 소설에 퇴폐적 예술을 옹호하는 부도덕한 소설이라는 악평이 쏟아졌다. 그 때문에 그는 이 작품의 개정판을 내고 이 소설을 옹호하는 글을 이 개정판에 싣지 않을 수 없었다. 그가 살아 있을 동안에는 이 소설은 빛을 발하지 못했지만 그가 죽은 뒤에 여러 차례에 걸쳐 영화로 만들어질 정도로 그 가치를 인정받았다.

이 소설은 괴테의 『파우스트』와 같이 영원한 젊음을 추구하려는 욕망을 묘사하는 소설로 해석될 수도 있을 것이고 스티븐슨의 『지킬박사와 하이드씨』와 같이 신사와 악마라는 인간의 이중성을 드러내는 작품으로 해석될 수도 있을 것이다. 그러나 오스카 와일드의 평소 튀는 언행에서도 다분히 자아도취적인 측면이 있듯이 이 소설은 특히 나르시시즘을 예술적으로 표현한 작품으로 해석될 수도 있을 것이다. 이 소설은 주인공 도리언 그레이의 초상화가 영혼의 거울과 같은 역할을 하고 있기 때문이다. 이 소설의 대강의 줄거리는 다음과 같다.

헨리 워튼 경은 화가 바질 헬워드의 집에서 그와 함께 젊고 아름다운 도리언 그레이의 초상화를 앞에다 두고 도리언 그레이에 대해 이야기를 나눈다. 그때 마침 도리언 그레이가 바질의 집에 들러 헨리와 그는 만나게 된다. 헨리는 초상화의 아름다운 실물을 보고 감탄하여 이내 곧 그와 친해진다. 그리하여 그는 도리언의 인생을 이끌어주기로 결심하고 도리언도 그의 결심을 기꺼이 받아들인다.

화가 버질이 심혈을 기울여 그린 필생의 역작인 그 초상화 앞에서 도리언 그레이는 그림과 같이 늙지 않고 영원히 젊고 아름다우며 그 대신에 초상화에 그려진 자신의 모습이 늙어가기를 염원한다. 그리고 바질은 그 초상화를 팔거나 전시하기를 원하지 않았기 때문에 도리언에게 그 그림을 증정한다. 바질의 호의로 그는 그 그림을 집으로 가져와 걸어둔다.

그 뒤 어느 날 밤 그는 런던의 골목길을 배회하다가 허름한 극장에서 셰익스피어의 <로미오와 줄리엣> 연극을 관람한다. 거기서 그는 줄리엣 역으로 나오는 여배우 시빌 베일의 순수한 모습과 연기에 반해서 그녀와 사랑에 빠진다. 그는 이 사랑을 자랑하고 싶어서 바질과 헨리를 부추겨 함께 <로미오와 줄리엣> 공연을 보러간다. 그러나 이 공연에서 그녀의 연기는 그들의 기대와는 반대로 어색하고 형편없어서 다른 관객들은 물론 그들도 크게 실망한다. 바질과 헨리가 서둘러 먼저 자리를 뜨자 모욕감으로 상처받은 도리언 그레이는 무대 뒤로 그녀를 찾아가 다그친다. 그녀는 그의 생각만 하다가 연기를 망쳤다고 말하면서 자기를 용서해달라고 애원한다. 그러나 그는 바닥에 엎드려 울부짖으며 애원하는 그녀를 배정하게 뿌리치고 잔인하게 절교를 선언한다. 그는 그녀를 진정으로 사랑한 게 아니라 그 자신의 허영심을 충족시키려고 했을 뿐이었다.

그가 나간 뒤 그녀는 절망감에 청산가리를 마시고 자살한다. 다음 날 그는 자살소식을 헨리로부터 뒤늦게 듣고 양심의 가책을 잠깐 느끼지만 헨리의 말을 듣고 이내 자살사건을 잊어버린다. 이 일이 있은 다음부터 그는 음흉하고 사악한 헨리의 은근한 암시에 따라 추악하고 타락한 생활에 빠져든다. 그는 변장을 하고 매음굴에 드나들기도 하고 어두운 술집에서 아편을 때리기도 한다. 이에 따라 그는 여전히 젊고 아름다운 반면에 그의 초상화는 악마처럼 일그러지고 흉측하게 변해간다.

급기야는 바질이 그의 나쁜 소문을 듣고 그를 찾아와 훈계한다. 그러나 그는 바질의 훈계에 도리어 화를 내고 그를 초상화가 걸려 있는 2층으로 유인하여 칼로 찔러 죽인다. 시신을 처리하기 위해서 그는 화학에 조예가 있는 친구 엘렌 켐벨을 불러온다. 그는 켐벨이 도움을 거절하자 그의 약점을 이용해 그를 협박한다. 켐벨은 어쩔 수 없이 바질의 시신을 화학약품으로 처리해버린다. 이런 일이 있은 뒤에도 그의 방탕하고 퇴폐적인 생활은 헨리의 은밀한 후원 아래에 계속된다.

그는 런던의 상류층 귀부인들의 총애를 받지만 점차로 마음을 고

쳐먹고 악의 구렁텅이로부터 벗어나려고 한다. 그러는 동안 그를 줄곧 노리던 시빌의 남동생 제임스가 사고로 죽고 캠벨마저도 양심의 가책을 이기지 못하고 아무런 말도 없이 자살한다. 그가 저지른 위선과 범죄의 증거는 모두 사라진 셈이다. 그러자 그는 그의 양심과 영혼이 담겨 있는 그의 초상화를 파괴하여 과거로부터 자유로워지려고 한다. 그는 바질을 찌른 칼로 초상화를 찌른다. 그러나 주름살이 자글자글한 흉측한 노인으로 변해버린 그가 칼에 찔려 죽고 그의 젊고 아름다운 용모를 그린 초상화는 그대로 남는다. 이리하여 탕아 도리언 그레이는 나르키소스처럼 자신을 죽이고 만다.

이 소설이 나르키소스의 신화를 반영하고 있음은 이 소설의 주제에서뿐만이 아니라 이 소설 여러 군데에서도 암시되거나 반영되어 있다. 바질 헬워드는 자신의 그림의 비밀을 도리언 그레이에게 다음과 같이 털어놓는다. "자네는 어떤 그리스 초지의 고요한 연못 위로 몸을 굽혀 들여다보았고, 연못의 고요한 은빛 수면에 어린 자네 얼굴의 아름다움에 감탄했네. 그것은 예술이 응당되어야 하는 바로 그것이었어. 무의식적이고 이상적이며 멀리 있기에 잡을 수 없는 것."[81] 이는 관능적 유미주의를 암시하는 대목이다.

이 소설의 서두에서는, 자신의 모든 것이 들어 있는 그림이 도리언 그레이의 초상화라는 바질의 말에 헨리는 다음과 같이 의문을 제기한다. "나는 자네의 우악스럽고 뻣뻣한 얼굴, 석탄처럼 검은 머리칼과, 여기 젊은 아도니스, 상아와 장미 잎으로 만든 얼굴을 가진 청년 사이에 어떤 닮은 점도 찾지 못하겠네. 이 청년이 나르키소스라면 자네는……"[82] 이 청년이 나르키소스라면 그는 나르시시즘을 예

81) 오스카 와일드, 『도리언 그레이의 초상』, 이선주 옮김, 황금가지, 2003, p.170.

술로 승화하는 예술가이리라.

19세기 말 영국의 중상류층을 휩쓸었던 퇴폐적 쾌락주의나 관능적 유미주의(唯美主義)의 바탕에는 바로 나르시시즘이 자리 잡고 있었던 것이다.[83] 오스카 와일드의 이 소설은 환상과 현실의 전도를 통해 이 점을 잘 드러내주고 있다.

3) 릴케의 「나르키소스」

릴케는 실존적이며 종교적인 내용을 낭만적으로 노래한 20세기의 시인이다. 그는 1913년 파리에서 「나르키소스」라는 제목으로 두 편의 시를 썼다.

나르키소스

나르키소스는 죽었다. 자신의 아름다움 때문에
자신의 본질로의 접근이 부단히 이루어졌고,
헬리오트로프의 향기마냥 진했다.
그에게 그러나 주어져 있었다. 자신을 보게 된다는 것이.

그는 사랑했다. 그에게서 나오고, 다시 회귀하는 것을
그리고 더 이상 순풍 속에서 견디어 내지 못했고
그리고 형상의 주변에 황홀히 감싸여
그리고 일어났으나 더 이상 존재할 수 없었다.

나르키소스

이것이 그러니까: 이것이 나에게로부터 나와
허공 속에 분해되고 그리고 이것을 숲들의 감정이,

82) 앞의 책, p.13.
83) 제레미 홈즈, 『나르시시즘』, 유원기 옮김, 이제이북스, 2002, p.40 이하를 참조하라.

나를 가벼이 회피하고 더 이상 내 것이 되지 않으며
그리고 현란하다, 그것이 어떤 적개심과도 마주치지 않기에.

이것이 부단히 나를 떠나지만,
나는 떠나지 않겠어, 나는 기다릴래, 나는 머무를 거야:
그렇지만 모든 나의 한계들이 서두르고,
밖으로 뛰어나가 보지만 벌써 거기 존재하고 있다.
저기서 형성되고 그리고 분명히 나와 똑같이
그리고 울먹이는 표정들로 위를 향해 전율하는 것,
……

지금 그것은 내버려져 있다 무정하고도
흩어져 있는 물속에, 그리고 나는 그것을 오랫동안
멍하니 바라봐도 된다. 나의 장미 화관 아래서.

저기서 그것은 사랑받지 못한다. 저기 아래 그 안에는
아무것도 없다. 급히 서두르는 돌멩이들의 무관심 외에는.
그리고 나는 볼 수 있다. 얼마나 내가 슬퍼하는지를.
이것이 그들의 외관에 있는 나의 상(像)이었던가?

그것이 그러니까 그들의 꿈속에서 이쪽으로 고양되었는가.
달콤한 공포로? 나는 벌써 거의 그들의 그것을 느낀다.
왜냐하면, 마치 내가 나를 나의 시선에서 잃어버리듯이:
내가 생각할 수 있었을 텐데, 내가 살인적이라는 사실을.[84)]

나르키소스의 신화에 대한 릴케의 이해는 이 두 편의 시에 잘 나타나 있다. 그는 이 신화를 알고 있었을 뿐만 아니라 이 신화를 소재로 삼아 그린 그림들도 보았을 것이다. 여기서는 그의 시를 세세하게 해석하기보다는 세 가지 측면에서 그의 이런 이해를 살펴보겠다.

첫째로, 나르키소스는 아름다운 자기를 너무나 사랑한 나머지 제

84) 이동용, 『나르시스, 그리고 나르시시즘』, 책읽는사람들, 2001, p.15 이하. 그의 릴케 시 번역 중에서 '나르시스'라는 이름은 '나르키소스'로 고쳤다.

것으로 만들려는 욕망에 사로잡힌다. 하지만 이런 그의 욕망은 이루어질 수 없다. 그는 연못의 수면에 비친 자기 모습에 다가설 수 없기 때문이다. 그리하여 그는 좌절하고 절망하여 자기를 죽이고 만다.

둘째로, 나르키소스의 자아는 자기중심적으로 폐쇄되어 있다. 그는 남을 돌아보지 않고 자신에만 몰두하다가 연못의 수면에 비친 자신의 모습을 사랑하게 된다. 그렇기 때문에 그는 남과 소통할 수도 없고 오로지 자신과만 관계하는 셈이다. 거울 속의 세계는 타자에게로 열린 세계가 아니라 나와만 관계하는 폐쇄된 세계일 뿐이기 때문이다.

셋째로, 나르키소스의 자아는 단단하게 보이지만 깨지기 쉽고 허망한 것이다. 그는 연못의 수면에 비친 그의 모습에 자신의 자아를 투영하지만 그 모습이란 바람만 조금 불어도 일그러질 수 있는 것이다. 그래서 그 모습은 그가 절대로 잡을 수 없는 허상이다.

그는 나르키소스의 나르시시즘을 비판적으로 보고 있는 것 같다. 그러면서도 그는 나르시시즘을 나르키소스라는 신화 속의 인물에만 국한한 게 아니라 그가 살고 있던 시대의 자화상으로 간주하고 있는 듯하다.

4) 서양미술에 반영된 나르키소스 신화

서양미술에서 나르키소스 신화를 소재로 그린 그림들이 본격적으로 등장한 시기는 대략 16~17세기 무렵이다. 이 시기는 르네상스와 종교개혁을 통해서 인간의 개성과 자아를 각성하기 시작한 시기와 맞물린다. 이 시기 이래로 서양미술의 많은 화가들이 나르키소스 신화를 소재로 그림을 그렸다. 하지만 여기서는 카라바조의 <나르키소스>, 푸생의 <에코와 나르키소스>, 워터하우스의 <에코와 나르키소

스> 그리고 살바도르 달리의 <나르키소스의 변모>만 살펴보겠다.

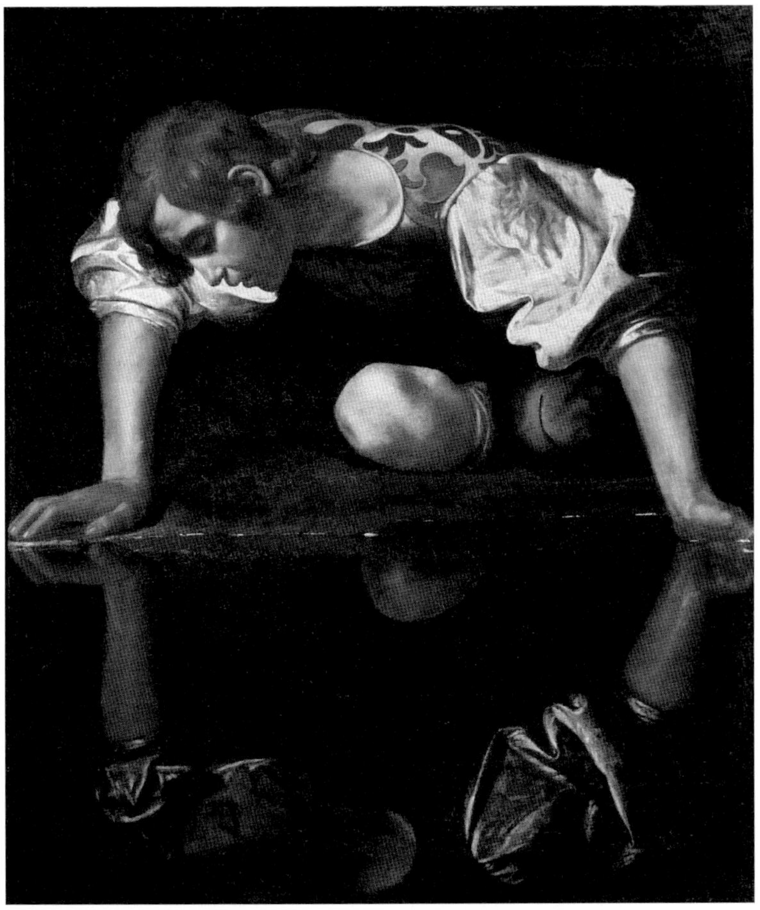

출처: wikimedia commons

카라바조, <나르키소스>, 1594~1596

카라바조는 15세기와 16세기에 걸쳐 살았던 바로크 미술의 대표적 화가이다. 그는 검은 옷을 즐겨 입었으며 사창가를 드나들기도 했고 밤거리를 쏘다니면서 폭력을 일삼았던 어둠의 사나이다. 그렇기 때문에 그는 어떤 화가보다도 폭력, 죽음, 공포, 사랑 등을 더 깊이 이해했고 그림으로 다룰 줄 알았다. 그를 다빈치나 미켈란젤로보다 더 중요한 예술가로 평가했던 미술 평론가 아멜리아는 다음과 같이 말했다. "강렬한 전쟁사진이나 영화의 한 장면이 너무나 무서워 잊히지 않을 때, 거기에 바로 카라바조가 있다. …… 체게바라의 유해사진은 지금까지 본 죽음의 영상으로는 가장 아름다운 것임에 틀림없는데, 카라바조 없이 과연 그것이 존재할 수 있었을까? 그것은 무리다."[85)]

카라바조는 폭력, 죽음, 공포, 사랑 등을 극적으로 드러내기 위해서 검은 색을 그림의 배경으로 깔고 강렬한 명암대비 기법을 사용하였다. 카라바조의 <나르키소스>도 마찬가지였다. 이 그림에서 나르키소스는 애처로운 표정으로 검은 물에 비친 자신의 모습을 바라보고 있다. 검은 거울과 같은 수면에 비친 자신의 모습을 보고 있는 그의 잔뜩 웅크린 자세는 그가 이 모습에 다가서려고 하지만 다가설 수 없는 안타까움과 애틋함이 진하게 배여 있다. 이 그림은 짙은 어둠과 같은 검은 색이 온통 그와 물에 비친 그의 모습을 감싸고 있어서 다가올 그의 죽음을 예고하고 그의 폐쇄된 자아를 강조하고 있는 듯하다. 그리고 물의 검은 빛깔은 그가 자기를 사랑하는 마음의 깊이를 더해주고 있다.

---

85) 아멜리아 아데니스, 『명화는 왜 유명한가?』, 정선이 옮김, 다빈치, 2002, p.72.

출처: wikimedia commons

니콜라 푸생, <에코와 나르키소스>, 1629~1630

푸생은 17세기 프랑스의 고전주의 화가이다. 그는 나르키소스를 짝사랑한 여인 에코를 그와 함께 화폭에 담았다. 나르키소스는 사냥에 지쳐 죽은 사람처럼 쓰러져 있고 그의 머리맡에는 수선화가 피어 있다. 그의 뒤편에는 에코가 바위처럼 굳은 채로 바위에 걸터앉아 멍하니 허공을 응시하고 있으며 사랑의 신인 큐피드는 나르키소스가 벗어 놓은 옷더미 옆에 서서 장례식의 횃불을 들고 서 있다. 큐피드가 손에 들고 있는 횃불은 나르키소스의 죽음과 에코의 이루어질 수 없는 비극적 사랑을 암시하고 있는 듯하다. 그리고 바위처럼 굳어버린 에코와 쓰러져 혼수상태에 빠진 나르키소스는 같은 그림에 있으면서도 전혀 상관없는 사람들처럼 서로 소통할 수도 없고 소통하지도 않는 인물들로서 묘사되어 있다. 에코는 남의 말을 듣지 않고 제 말만 지껄이다가 헤라의 분노를 사서 남의 말끝만 따라하는 벌을 받았다. 나르키소스는 남들의 구애를 오만하게 뿌리쳤고 심지어는 그들을 죽음으로

출처: wikimedia commons

존 윌리엄 워터하우스, <에코와 나르키소스>, 1902

몰아넣었다. 그러다가 그도 복수의 여신의 분노를 사서 자신과 사랑에 빠지는 벌을 받았다. 비록 에코는 나르키소스를 짝사랑하고 그는 그녀를 외면하지만 자기중심적인 성향에서 그들은 서로 닮았다.

라파엘전파(라파엘 이전 시대의 자연주의적이며 세부 묘사에 충실한 중세 고딕 및 초기 르네상스 미술로 돌아갈 것을 주창한 미술유파)의 윌리엄 워터하우스는 나르키소스 신화에 좀 더 충실하게 그림을 그렸다. 나르키소스는 엎드려서 연못의 수면에 비친 자신의 모습을 보는 데 정신이 팔려 있고 에코는 건너편에서 바위에 걸터앉아 그의 그런 모습을 애타게 쳐다보고 있다. 그리고 나르키소스 옆에는 앙상하게 말라붙은 나무가 서 있고 그의 발치에는 그의 죽음을 예고하듯이 수선화가 피어 있다. 이 그림에서는 에코와 나르키소스가 화면의 중심에서 밀려나 있고 그 대신에 거울 역할을 하는 연못이 거의 중앙에 자리 잡고 있다. 이런 점에서 푸생은 나르키소스의 자아도취를 매개하는 연못 수면의 거울 역할을 부각시키는 듯하다.

초현실주의는 꿈과 욕망의 무의식적 세계를 표현하려는 문학・예술적 사조다. 그렇기 때문에 초현실주의는 프로이트의 정신분석학과 긴밀하게 연결되어 있다. 프로이트에 따르자면, 자아도취(Narcissism)는 자아발달의 초기 단계에서 리비도의 집중이 자아에 고착되어 있는 자기애를 뜻한다. 자아도취는 리비도 집중이 자아가 아닌 대상, 예컨대 이성(異性)으로 옮겨감에 따라 일반적으로 극복된다. 그러나 나르키소스와 같이 어른이 되어서도 리비도 집중이 자아에 다시 달라붙을 수 있다. 초현실주의 화가인 살바도르 달리는 바로 이러한 프로이트의 정신분석학에 따라 나르키소스의 신화를 해석하여 <나르키소스의 변모>라는 그림을 완성했다.

출처: wikimedia commons

살바도르 달리, <나르키소스의 변모>, 1937

그는 이 그림을 1937년에 완성하고 나서 프로이트를 만나기를 갈망하였는데 영국에 망명한 프로이트를 1939년에 런던에서 드디어 만날 수 있었다. 달리는 프로이트에게 그의 작품 <나르키소스의 변모>를 보여주었다. 이 그림을 본 프로이트는 그림의 빼어난 기법을 칭찬하면서도 이 그림이 무의식적인 세계의 표현이 아니라 정신분석학의 여러 기법들을 예술적으로 차용하여 인위적으로 만들어낸 의식적인 세계의 표현이라고 평가하였다. 프로이트의 평가와 같이 이 그림은 나르키소스의 무의식적 세계를 표현하는 것처럼 보이도록 달리가 예술적으로 창조해낸 그림이라고 봐야 할 것이다.

이 그림은 얼핏 보아도 음울하면서도 기괴한 느낌을 자아낸다. 그리고 나르키소스의 몸도 리비도의 기둥처럼 묘사되어 있다. 아마도 달리는 이런 분위기를 통해서 나르키소스가 자아에 집착하는 무의식적 세계를 표현하려 했을 것이다. 이 그림에서 나르키소스는 사람들과 멀리 떨어져 우쭐대고 서 있으며 그 뒤로 그를 사모하는 사람들이 아우성치고 있다. 물가에는 변신한 나르키소스가 웅크리고 앉아서 물에 비친 자신의 모습을 하염없이 바라보고 있다. 그리고 그림의 왼쪽에는 물가에 앉아 있는 나르키소스의 모습이 변형되어 엄지손가락 위에 알이 놓여 있는데 그 모습이 앞의 모습과 겹쳐진다. 그런데 알이 깨어진 틈새로 수선화가 피어 있다. 알은 자아를, 수선화는 나르키소스의 죽음을 상징한다고 볼 수 있다. "돌손과 알의 이미지와 나르키소스의 형상 사이에 내재하는 유사성은, 그것들을 일종의 이중 이미지로 융합하게 만든다. 이중 이미지는 달리가 초현실주의에 선사한 것들 중의 하나였다. 이것은 그의 유명한 '편집증적 비판방식(paranoiac-critical method)'의 산물이었다. 이것은 본질적으로 시각세계에 대한 창조적인 오독방식이었다."[86]

그런데 여기서 우리의 관심은 이 그림의 예술적 가치를 논하는 것이라고 하기보다는 이 가치와는 별도로 이 그림에서 자아를 어떻게

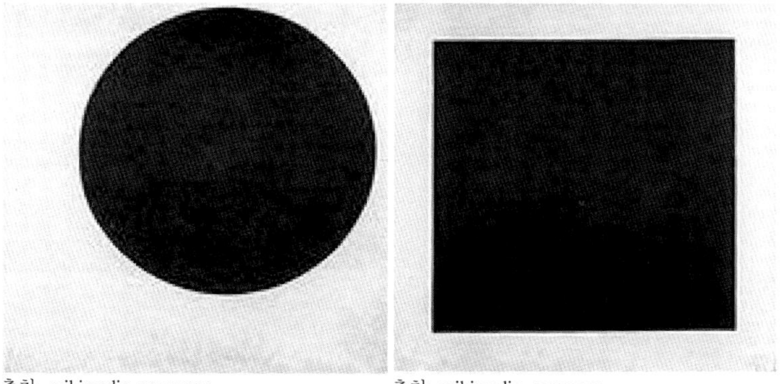

출처: wikimedia commons

카지미르 말레비치, <검은 원>, 1915

출처: wikimedia commons

카지미르 말레비치, <검은 사각형>, 1923

86) 피오나 브래들리, 『초현실주의』, 김금미 옮김, 열화당, 2003, p.38.

보았는지를 살펴보는 것이다. 달리는 이 그림에서 환각적 방식으로 나르키소스의 자아탐구를 재현해내었다. 그리고 그는 여러 번 나르키소스를 변형시킴으로써 자아를 향한 나르키소스의 편집증적 집착을 강조하였다. 또한 그는 나르키소스의 자아를 알로 변형시킴으로써 폐쇄되고 깨어지기 쉬운 자아를 부각시키려고 한 듯하다.

나르키소스 신화를 통한 화가들의 자아탐구는 시인이나 소설가들의 자아탐구와 마찬가지로 서양문화에서 지속적으로 이루어져 왔다. 이러한 자아탐구의 귀결은 말레비치의 추상화, 즉 흰 바탕 위에 검은 원이나 검은 사각형을 그려 넣은 그림들에서 정점을 찍는다. 이 추상화들은 감각적 형태의 재현을 넘어서서 눈에 보이지 않는 것을 추구하는 경향을 극단적으로 밀어붙여 인간의 정신을 표현하는 기호를 창조해내었다고 보통 해석한다. 그것들은 "기하학적 형태만으로 이루어진, 그 자신 이외에는 아무것도 아닌 거의 최초의 절대적 추상회화였으며, 그 자신 이외에는 아무것도 참조하지 않는 것으로 보이는 최초의 회화작품이었다."[87] 그리하여 그것들은 구상미술과는 달리 기능하는 자유로운 회화였다.

그렇지만 그것들은 자본주의사회에서 나올 수 있는 인간의 내면적 자아의 추상성을 표현한 작품이라고 해석될 수도 있을 것이다.[88] 검은 원이나 검은 사각형과 같은 비대상적인 도형은 자신 이외에는 아무것도 가리키지 않아 순수하고 절대적이기 때문에 '나는 나다'라

---

87) 멜 구딩, 『추상미술』, 정무정 옮김, 열화당, 2003, p.13.

88) 추상화는 자본주의사회의 발달과 더불어 나왔다고 화가 이우환은 보았다. "산업자본주의의 발달과 그것을 추진한 부르주아들의 가치였던 자아중심주의의 전면적·전체적 시각표현의 진로가 추상미술이 되었다."(이우환, 『여백의 예술』, 김춘미 옮김, 현대문학, 2002, p.116) 더 나아가 자아를 극도로 표현해내려는 욕망에서 "근대 자본주의의 표현방법은 자폐적인 나르시스트의 과잉된 메카니즘일지도 모른다."(앞의 책, p.139)

는 점과 같은 자아를 가장 잘 표현하는 게 아닐까.

3. 자아도취 사회

1) 자본주의사회와 자아도취

지금 우리가 살고 있는 사회는 자본주의사회다. 게다가 지구적 자본주의가 이미 확립된 시대를 우리가 살아가고 있다. 그리하여 경쟁과 개인주의가 극도로 심화되어 자아도취에 도달한 시대 한가운데 우리는 살고 있는 셈이다. 20세기 말에 이미 서양문화의 전반적 위기를 의식한 라쉬는 현대의 서양문화는 "개인주의의 논리를 만인의 만인에 대한 투쟁이라는 극한에까지 몰고 가며, 행복의 추구를 자아에 대한 나르시시즘적 집착이라는 막다른 골목으로 인도해 나가는 타락한 경쟁적 개인주의 문화"[89]라고 질타하였다. 라쉬의 이러한 지적은 오늘날의 서양문화에도 여전히 유효할 것이다.

심리학자들은 자아나 자기 자체를 부정하거나 나르시시즘을 무조건 비난하지도 않는다. 그들은 사회생활을 위해서도, 사랑을 위해서도, 개성과 독창성을 위해서도 자아나 자기가 필요하다고 생각한다. "자기에 전혀 투자하지 않고서 인간이 제 역할을 한다는 것은-생존하는 것은 별개로 치고- 불가능하다. …… 자아 없는 세상에는 독창성도, 색깔도, 대비도 없다. …… '너'에게 홀딱 반할 만한 '나'가 존재하지 않는다면 사랑에 무슨 의미가 있으랴."[90] 또한 그들은 건강

89) 크리스토퍼 라쉬, 『나르시시즘의 문화』, 최경도 역, 1989, pp.13~14.
90) 샌디 호치키스, 『나르시시즘의 심리학』, 이세진 옮김, 교양인, 2004, p.10.

한 자아도취도 남을 존중하고 사랑하기 위한 조건으로서 간주하여 자아도취가 어느 정도 불가피함도 역설한다. “자존감과 자기애는 타자애(‘네 이웃을 너 자신처럼 사랑하라’)는 물론 나름의 능력과 한계를 지닌 다른 사람을 존중하게 만든다.”[91]

그렇지만 그들은 자아도취가 심해져 병적인 차원으로 들어설 때 가족이나 공동체에 위협 요인이 될 수 있음을 경고한다. 자아도취에 빠진 자들은 자기밖에 몰라 가족의 유대감을 짓밟고 남을 예사로 해친다. 특히 그들이 권력을 쥐었을 때는 권력을 남용하여 타인이나 공동체에 치명적인 위해를 가할 수도 있다. 더군다나 그들은 주로 오늘날의 정치판에도 들락거리면서 정치를 주무르고 있는데 이 정치판을 권력투쟁과 자기주장이 난무하는 곳으로 만들고 있다. 그리고 그들이 만들어가는 정치문화에서는 “잘난 자아(정치인)와 못난 자아(유권자)가 서로 결탁함으로써 자아도취 문제에 대한 집단적 방어가 행해진다. 이로 인해 실제 상황에 필요한 결정은 내려지지 못하고, 오히려 자아도취적 욕구가 실제상황을 대변한다.”[92] 이리하여 민주정치는 현실적인 갈등과 문제를 대화와 소통을 통해 합리적으로 해결하는 정치가 되지 못하고 오히려 대중의 자아도취적 욕구를 대변하는 정치로 변질되어 자아도취가 집단적으로 기승을 부리게 될 수 있다.

자아도취로 말미암아 생기는 인격장애에 대한 심리학자들의 진단은 새겨들을 필요가 있다. 자아나 자기를 확보하고 탐구하려는 경향이 자아도취가 아닌 것도 옳다. 그러나 자존감, 자기애 그리고 건강

91) 한스 요하임 마츠, 『나는 아직도 사랑이 필요하다』, 류동수 옮김, 애플북스, 2013, p.24.
92) 앞의 책, p.238.

한 자아도취에 대한 그들의 견해는 자아를 둘러싸고 돌고 있다. 그러므로 그런 견해는 여전히 서양중심주의를 벗어나지 못했을 뿐만 아니라 별로 바람직하지도 않다. 독창성이나 개성의 발현은 자아나 자기의 확보를 통해서 이루어지는 게 아니라 자아나 자기를 넘어섬으로써 오히려 더 잘 이루어질 수 있는 게 아닐까. 그리고 건강한 자아도취는 건강한 정신병자와 마찬가지로 모순적으로 보인다. 그러므로 자아나 자기에 사로잡혀 있는 자아도취는 정도에 상관없이 바람직한 것이 아니다. 또한 자기중심적이며 이기적일 뿐만 아니라 자기를 과시해서 남의 찬사와 인정을 받으려는 자아도취는 인격적으로 미성숙하고 결핍된 상태이기도 하다.

2) 한국사회와 자아도취

자아도취 사회는 특히 21세기 한국사회에 꼭 들어맞는 말인 것 같다. 한국사회는 20세기에 서양문화를 급속하게 수용하였고 그 결과 21세기에는 서양문화에 완전히 편입된 상태에 놓여 있다. 오늘날 한국사회의 자아도취 성향도 미국사회를 많이 닮았지만 어떤 면에서는 더 심한 것 같다. 그리하여 21세기의 한국사회는 20세기의 한국사회와는 달리 자아도취에 빠진 사람들이 단순히 많아진 게 아니라 자아도취 경향이 세대를 불문하고 전반적으로 널리 퍼지고 깊어졌다.[93)]

이런 경향 몇 가지만 살펴보자.

자아도취 경향이 강화되고 자식을 향한 모성애, 부성애가 약화됨

---

93) 이선경 외, 「한국 대학생들의 나르시시즘 증가-시교차적 메타분석(1999~2014)」, 『한국심리학회지』 33권 3호, 한국심리학회, 2014, p.612를 참고하라.

에 따라, 부모가 화가 나거나 귀찮다고 아이를 학대하거나 소홀히 대하여 아이를 죽이는 일이 심심찮게 일어나고 있다. 부부가 컴퓨터 게임에 몰두하다가 아이를 굶어 죽인 사건이나 아빠가 술에 취해 들어와 아이가 말을 잘 듣지 않는다고 홧김에 아이를 벽에 던져 죽인 사건 등은 반(反)인륜적 범죄일 뿐만 아니라 자기밖에 모르는 사람들이 저지른 어처구니없는 일이다.

오늘날 한국사회의 학부모들이 보이는 뜨거운 교육열도 자아도취 성향을 잘 보여주고 있다. 물론 그들은 자식들이 치열한 경쟁에서 뒤처지지 않기 위해서 자식들에게 사교육을 마다하지 않고 시킨다고 생각한다. 그러나 이런 생각의 이면에는 부모들의 못 다한 꿈을 자식을 통해서 충족시키려는 욕망이나 그들의 체면과 위신에 걸맞도록 자식을 교육시키려는 욕망이 깔려 있을 수 있다.

오늘날 점점 더 거세지는 외모지상주의도 자아도취 성향을 잘 드러내고 있다. 잘록한 허리와 날씬한 몸매를 가꾸기 위한 다이어트는 물론 예뻐지기 위한 성형수술 등은 자기를 과시해서 남의 찬사를 이끌어내어 자존감을 높이려는 오늘날 젊은 세대, 특히 여성들에게 큰 인기를 끌고 있다.

물론 옛날 조선시대에도 인물을 고르는 네 가지 기준, 즉 신언서판(身言書判) 중에서 몸을 가장 앞에 세웠다. 그렇긴 해도 이 시대에는 내면의 아름다움을 결코 무시한 건 아니었다. 요즈음은 취업면접을 위해서도 젊은이들은 다이어트를 하거나 성형수술을 해야 할 정도로 외모가 중시되고 있다. 게다가 여자가 예쁘면 얼짱이나 몸짱으로 숭배되어 그녀가 범죄자라도 그 잘못을 용서해주려는 풍조가 인터넷상에서 일어나고 있기도 하다. 이런 풍조들은 바로 자아도취 경향과 맞물려 있다.

오늘날 디지털시대의 SNS에서도 자아도취 경향이 잘 반영되어 있다. 그리하여 그들은 셀카로 찍은 '나'의 사진을 포토샵으로 보정하여 SNS에 올려서 자기를 과시하기도 한다. 그런데 SNS는 거꾸로 사람들의 자아도취 성향을 강화하기도 한다. SNS는 물론 소통과 공감를 위한 인터넷 광장이긴 하지만 '좋아요' 버튼과 댓글을 통해서 서로 경쟁적으로 자기가 특별한 사람이라는 걸 과시하고 자존감을 추구하려는 게임이 되어버렸다.

'갑질'과 '국뽕'도 나르시시즘이 21세기의 한국사회에 깊숙이 스며들어 있는 표지다. '갑질'은 갑을의 권력관계에서 권력을 틀어쥐고 있는 갑이 상대적으로 약자인 을에게 부당하게 권력을 행사하는 행위를 가리킨다. 물론 이런 갑질은 옛날부터 있어 왔다. 그렇지만 이런 용어가 사용된 지는 그렇게 오래되지 않았다. 21세기 들어서서야 비로소 이 용어가 널리 사용되고 있다. '여기는 나의 왕국이야' 또는 '이건 내 꺼야'라든가 '남이야 죽든지 말든지 나만 잘 살면 돼' 또는 '나만 편하면 돼'라는 생각이 오늘날의 '갑질'의 이면에 깔려 있다. 그래서 '갑질'에서는 사회적 약자가 대부분인 을의 열악한 처지를 갑은 전혀 배려하지 않는다. 갑은 나의 왕국을 지키기 위해서 을의 그런 처지를 이용해 을을 압박하고 착취한다. 그러므로 오늘날의 '갑질'은 단순히 부당한 권력 행사에 그치는 게 아니라 나르시시즘의 발로라고 할 수 있을 것이다.

'국뽕'이라는 용어도 21세기에 들어서서 인터넷에서 많이 사용되고 있다. '국뽕'은 국가와 히로뽕의 합성어인데 국수주의를 비아냥거리는 신조어다. 그러나 이 용어는 애국심을 고취하거나 국가를 강조하는 말과 행위에도 무차별적으로 적용되고 있다. 그렇기 때문에 '국뽕'이라는 용어의 이면에는 '국가가 어떻게 되든지 간에 나만 잘 살면 된다'라든가 '내가 중요하지 국가가 중요한 게 아니야'라는 생각이 깔려 있다. 이런 생각은 공동체보다는 나를 중시하고 내 것을 챙기려는 성향을 적나라하게 드러낸다. 이런 맥락에서 이 용어는 단순히 국수주의에 대한 비난과 반발에 그치는 게 아니라 나르시시즘의 발로라고 할 수 있겠다.

이런 자아도취의 경향은 한국사회의 대중문화에도 충실하게 반영되어 있다. 그중에서도 특히 대중가요에서 두드러지게 드러나 있다. 대중가요에서는 자기를 표현하는 데 그치는 게 아니라 자기를 자랑하거나 과시하고 심지어는 찬양하려는 경향이 노골적으로 당당하게 드러나 있다. 여기서는 대중가요를 일일이 살펴보지 않고 <자아도취>라는 제목으로 나온 노래 등을 통해 한국사회의 자아도취 경향을 살펴보도록 하자.

먼저 소개할 노래는 푸른 하늘이 부른 <자아도취>라는 노래다.

(영석) 못생긴 얼굴에 작은 키로
어쩌면 그 애를 좋아하니
끌리는 마음 이해하겠지만
안 돼 안 돼~
(경호) 형은 뭐 잘났수 그 얼굴에
그 애와 나는 이미 통했다오
모든 걸 양보해도 이번만은
난 안 돼 안 돼~
(영석) 세상살이 힘이 들 때마다
너와 난 서로가 말을 안 했지만
느낌으로 눈빛 하나만으로

서로 이해하며 웃음 지었는데
그까짓 사랑 유치한 감정에
이렇게 싸우는 거 맘에 안 들지만
포기 못해 이번만은
나 역시 이번만은
양보할 순 없지~
(Girl) 내가 이쁜 건 사실이겠지만
날 두고 서로 다투지는 마요
아직은 누구도 사랑할 생각 난 없어
없어~
(영석) 정말로 이럴 수는 없을 거야
날 사랑 않는다는 그대의 말!
나처럼 괜찮은 남잔 세상에
없는데
(Girl) 착각도 지나치면 우스워요
(경호) 하지만 난 착하고 겸손한데?
(영석) 남들이 뭐라 해도 나는 정말
잘났어
(Girl) 나도
(경호) 나 역시
(영석) 나만~

이 노래는 1992년에 나온 노래이다. 아이들의 자아도취가 노골적으로 드러나지만 그렇게 거부 반응이 생기지 않는다. 도리어 익살스럽고 재미있게 느껴진다. 이때만 해도 한국사회의 자아도취는 심각한 단계에 들어선 것 같지 않다.

이번에 소개할 노래는 키비(Kebee)가 2017년에 발표한 <자아도취>란 노래이다.

맨 처음 고1 때
랩 시작했지 암것도 몰랐었지
난 그저 방구석 philasopy

가사 쓰는 법 몰라
랩은 하고 싶어 할 수 없이
프리스타일을 시작한 게
삶의 첫 마이크였지

그땐 솔직히
얘기 잘 통하는 말벗이 없어
혼잣말 끄적거리던 게
전부 다였지
뭐가 되고 싶기보단
그저 하고픈 게 나였지
당연한 거 아니겠어
힙합은 나에게 자아도취

So 난 계속
이걸 해왔지 중간에
아주 멀리 갔다
온 적도 있었지만
어쩌겠어 어쩌라고
어쩜 나도 허점 많은 인간일 뿐
이런 말 계속하는 건 멋쩍다고
고민은 계속한 것 같아
이게 직업이 될지
스물을 갓 넘긴
눈 파랗게 뜬 멸치
헷갈리긴 했어도
내 갈 길 이미 저 레이스 위
……

키비의 <껍질>이라는 노래의 가사도 일부 들어보자.

Ay ay 남이 바라보는 내가
바라보는 내가
끝까지 내가

어떤 놈인지 대답해봐
알몸으로 벗겨봐
me, myself & I
……

푸른 하늘이 부른 <자아도취>란 노래의 장르는 발라드이다. 그러나 이 노래들의 장르는 랩/힙합이다. 노래 장르만 놓고 보더라도 이 노래들은 젊은이들의 사회적 박탈감과 소외감을 드러낸다고 볼 수 있다. 그러니까 이 노래들은 단순히 자기를 자랑하거나 과시하려는 게 아니라 생활고와 취업난에 시달리며 무한경쟁에 지쳐서 자아도취로 도피한 젊은 세대의 번민과 방황이 배여 있다. 21세기에 들어서면서 한국의 젊은이들은 의지하고 도피할 수 있는 곳이 점차로 사라지고 '나'라는 가상공간에 움츠려들기 시작한다. 그런데 이 '나'라는 물건이 이제는 타인의 시선에 불안하게 흔들거린다. 그럼에도 불구하고 젊은 세대는 끝없이 '나'를 찾고 붙잡으려고 처절하게 몸부림친다. 노래도 나로부터 시작해서 나로 끝난다. 자아도취, 그게 이 세대의 유일한 해방구이니까.

제5장

자아실현

1. 우리는 자아실현을 그대로 받아들여야 하는가?

1) 자아실현이라는 용어

앞에서 우리는 자아를 자기와 바꾸어 쓸 수 있는 용어로서 간주하였고 그런 점에서 자기실현(self-realization)을 '자아실현'이라는 일상적 용어로 대체하였다. 이 점에 관해서 여기서 좀 더 자세하게 살펴보도록 하자.

프로이트는 초기에는 정신세계를 의식적인 것과 무의식적인 것으로 나누었지만, 후기에는 원초아(id), 자아(ego), 초자아(super-ego)로 나누었다. 자아는 대체로 의식의 영역에 똬리를 틀고 있지만 원초아와 초자아는 무의식의 영역에 잠재되어 있다. 그렇기 때문에 원초아와 초자아에 의해 포위되어 있는 자아는 외부세계와 직접적으로 맞닥뜨려야 하면서도 원초아의 리비도로부터는 압박을, 초자아로부터는 가혹한 감시를 받을 뿐만 아니라 현실과도 맞닥뜨려야 한다. 그런 점에서 자아란 "세 기관의 요구를 통합하고 화해시키는 것"[94]으

94) 지그문트 프로이트, 『정신분석학의 근본 개념』, 윤희기 · 박찬부 옮김, 열린책들, 2003, p.427.

로서 원초아와 초자아의 요구를 조절하여 현실에 적응하는 역할을 떠맡는 셈이다. 그리고 이런 자아는 불안정하지만 타인에 대해서는 전체적 자기로 드러난다. 따라서 프로이트의 정신분석학에서는 자아의 개념이 중시되기 때문에 자아와 자기는 뚜렷하게 구분되지 않는다.

그러나 융의 정신분석학에서는 자아와 자기가 뚜렷이 구분된다. 자아는 의식의 중심에 있는 것인 반면에 자기란 의식적인 자아보다 상위에 있으며 의식과 무의식을 총괄하는 정신현상 전체이다. 의식이라는 작은 원은 자기라는 큰 원 안에 포함된다. 따라서 자기는 의식적인 정신작용들과 무의식적인 정신작용들의 총합하는 것이다. 이렇게 본다면 자기실현이란 무의식에 잠재된 정신의 역량을 실현하여 본래의 자기가 되는 과정을 뜻한다고 할 수 있을 것이다. 그렇기 때문에 '자아실현'이라는 용어보다는 '자기실현'이라는 용어가 더 적절한 것처럼 보인다.

그렇지만 이러한 견해는 다음과 같은 근거에서 반박될 수 있을 것이다. 첫째로, 일상적인 언어에서는 자아와 자기가 혼용되고 있고 '자아실현'이라는 말이 널리 쓰이고 있다. 둘째로, 융의 정신분석학이나 심리학에서만 자아와 자기가 뚜렷이 구분되지 다른 학문분야에서는 그렇지 않다. 셋째로, 신경과학의 최신성과에 따르자면 자기와 같은 중심이 뇌에는 없다. 넷째로, 융의 심리학에서는 자기는 우리가 알 수 없는 것이면서도 궁극적으로 우리가 실현해야 하는 것이기 때문에 자기가 신비화되어 있는 듯하다. 그래서 여기서는 자기실현이라는 용어를 사용하기보다는 (융의 분석심리학을 살펴보는 곳을 제외하고는) 자아실현이라는 용어를 사용하겠다.

2) 자아실현을 그대로 받아들여야 하는가?

서양의 문물이 우리나라에 본격적으로 수용될 때까지는 우리 한국인은 자아실현을 전혀 모른 채 살아왔다. 20세기 중반이 되어서야 우리는 서양의 문물을 급속하게 수용했으며, 그 결과 지금은 자아실현이라는 개념을 아무런 의심도 없이 당연하게 받아들이고 있다. 특히 교육학, 경영학, 심리학과 같은 학문분야에서는 자아실현이 인생과 사회의 목표로 간주되기에 이르렀다.

이런 학문분야에 바탕을 두고 있는 자기 계발서에서도 자아실현이 그 핵심사항이 되어버렸다. 게다가 오늘날 우리가 중시하고 있는 창의성도 자아실현과 더불어 논의되고 있는 실정이다. 이 정도에 그치는 게 아니라 동양철학마저도 자아실현이라는 개념에 끼워 맞춰 해석하려는 학문적 경향도 나왔다. 급기야는 자아실현이라는 개념이 마치 만병통치약처럼 인생과 사회를 치유하는 개념으로 등장하기에 이르렀다.

이와 같이 자아실현 개념이 득세한 이유가 무엇일까? 서양을 따라잡기 위해 우리는 그동안 서양의 문물을 부지런히 수용하는 데에만 치우칠 수밖에 없었다. 그래서 우리는 서양 문물의 압도적 영향 아래에 살지 않을 수 없었다. 그렇지만 너무나 짧은 기간 동안에 우리는 서양의 문물을 수용해야 했기 때문에 우리는 그것을 충분히 음미할 여유가 없었다. 자아실현이라는 개념도 그런 것들 중의 하나다.

그럼, 우리는 이 개념을 그대로 받아들여야 하는가? 아니다. 이 개념은 인생과 사회의 중추적 개념이므로 우리가 그냥 덮어두고 넘어가서는 안 되고 비판적으로 검토해야 할 것이다.

21세기의 지구적 자본주의에서는 정치적, 경제적 위기가 심화되고 있고 지구 생태계도 망가지고 있다. 그럼에도 불구하고 이런 위기에 대한 적절하고도 명확한 대안이 현재 나오지 않고 있다. 그런데 20세기 말부터 서양중심주의를 해체하려는 목소리가 서양철학에 강하게 터져 나왔다. 이에 따라 철학의 영역을 넘어서 서양문물 전반을 비판적으로 검토할 필요성이 대두하였다.

이렇게 본다면, 서양 문물의 소산인 자아실현 개념도 아무런 반성도 없이 무비판적으로 받아들여하는지 의문스럽다. 또한 이 개념을 삶의 목표로 삼거나 우리의 전통문화조차도 이 개념에 의거해서 이해해야 하는지도 의문스럽다. 따라서 우리는 자아실현 개념을 비판적으로 검토해서 이 개념이 우리에게 어떤 의의를 줄 수 있는지를 충분히 고찰해보아야 할 것이다.

이를 위해서, 우선 참된 나를 찾아가는 소설로 널리 알려진 헤세의 『데미안』을 우선 감상하고 이 작품과 직결되는 융의 자기실현 개념을 살펴보자. 그러고 나서 자아실현 개념을 사상의 중심에 두고 있으면서도 우리에게 큰 영향을 주고 있는 에리히 프롬과 매슬로가 이 개념을 어떻게 보고 있는지를 살펴보자.

2. 자아실현의 역설

20세기에 들어서서 융과 같은 심리학자들은 자아실현이 인간의 삶에 중요하다는 것을 예리하게 보고 있었다. 하지만 에리히 프롬과 매슬로 이 두 사상가만큼 자아실현과 관련하여 우리에게 큰 영향을 미친 사상가는 없을 것이다. 그리고 이 두 사상가만큼 자아실현을 강조한 사상가도 드물 것이다. 그렇지만 여기서는 이 두 사상가가 자아실현을 어떻게 보았는지 살펴보기 전에 헤르만 헤세의 소설 『데미안』을 먼저 살펴보겠다. 『데미안』이 프롬과 매슬로의 사상보다 더 접근하기도 쉽고 시대적으로 앞서기 때문이다.

1) 헤세의 『데미안』-자기 자신을 찾아가는 길

독일 낭만파 시인 노발리스는 「자이스의 제자들」에서 "기어코-그는 자이스 사원의 여신이 쓰고 있는 면사포를 걷어 올렸다. 그러나 그는 뭘 보았는가? 그는 보았다, 경이의 경이를, 자기 자신을"[95]라고 노래했다. 신비로 가득 찬 마법의 길은 내면을 향하여 들어가서 참된 나를 발견하는 여정이다. 이런 여정을 현대적으로 잘 드러내 주고 있는 소설이 헤세의 『데미안』이다. 그리고 노발리스의 잠언은 이 소설에서 주인공 싱클레어를 한때 사로잡기도 하였다.

헤세가 1919년에 발표한 소설 『데미안』은 그 당시 독일국민에게 큰 위로를 준 성장소설이다. 이 소설은 싱클레어가 유년기와 청소년기를 거쳐 어른이 될 때까지 자기 자신을 찾아가는 삶의 여정을 묘사했다. 이런 삶의 여정은 노발리스의 신비적 낭만주의와 연결될 뿐만 아니라 아우구스티누스 이래의 기독교 신비주의, 더 나아가서 융의 분석심리학과도 연결될 수 있을 것이다. 그리고 이 소설은 싱클레어가 자기 자신을 찾아가는 길을 묘사했기 때문에 자아실현을 묘사한 소설이라고 봐야 할 것이다.

---

95) C. Hackenesch, *Die Logik der Andersheit*, athenäum, 1987의 서두에 노발리스의 이 시가 인용되어 있다.

19세기와 20세기에 걸쳐 총과 대포로 무장하고 기선과 기차를 이용하여 아시아, 아프리카 그리고 아메리카를 무자비하게 침탈했던 유럽은 밖으로 또 밖으로 나아가기만 할 뿐 정작 정신의 내면을 외면하여 자기를 상실하고 정신이 황폐화되었다고 헤세는 인식하였다. 그러한 인식이 『데미안』에 분명히 드러난다. "현대의 유럽은 엄청난 노력을 기울여 막강한 새로운 무기들을 만들어냈지만, 결국 정신을 심각하게 황폐화시키기에 이르렀다. 유럽은 전 세계를 얻은 대가로 영혼을 상실했기 때문이다."[96]

이 소설은 싱클레어라는 인물의 1인칭 시점에서 그가 유년기와 청소년기에 방황하고 번민하는 와중에 자기 자신을 찾기 위해 고투하는 삶을 묘사한 소설이다. 그렇기 때문에 이 소설은 "나는 오직 내 마음 속에서 절로 우러나오는 삶을 살려 했을 뿐이다. 그것이 왜 어려울까?"[97]라는 절박한 심정이 담긴 문구로 시작한다. 이러한 삶을 온전히 자기 자신이 되는 삶, 다시 말해 참된 나를 찾아 자기를 실현하는 삶으로서 헤세는 간주했다. 그러면 이 소설이 1인칭 시점에서 과거를 고백하듯이 쓰였기 때문에 그 줄거리를 1인칭으로 되짚어보자.

라틴어학교를 다녔던 열 살 무렵의 어린 시절은 상반된 두 세계가 있는 것처럼 나는 느꼈다. 한 세계는 부모의 세계이며 질서정연하고 맑고 밝고 깨끗한 세계이다. 또 다른 세계는 하녀들, 불량배들, 주정뱅이들의 세계이며 음침하고 요란하며 폭력적인 어둠의 세계이다. 나는 이 두 세계가 서로 분리되어 있는 게 아니라 아주 가까이 맞닿

---

96) 헤르만 헤세, 『데미안』, 김인순 옮김, 열린책들, 2014, p.199.
97) 앞의 책, p.7.

아 있음을 알았다. 그렇기 때문에 나는 이 두 세계를 오가며 살았다. 하지만 맑고 밝은 세계보다는 그 어둡고 금지된 세계가 나에게는 훨씬 더 매력적이었다.

나는 이웃의 껄렁한 친구들과 사귀었고 그들 사이에 끼이기 위해서 애썼다. 그래서 어느 날 나는 과수원에서 사과를 많이 훔친 이야기를 꾸며내어 자랑하기도 했다. 그러나 이 꾸며낸 이야기로 말미암아 나보다 두세 살 많은 크로머에게 약점이 잡혀 고발의 협박을 당했다. 나는 한동안 꼼짝없이 그에게 괴롭힘을 당해 아무에게도 하소연도 하지 못한 채 거의 정신착란 상태에까지 이르게 되었다.

이때 내가 다니는 라틴어학교에 부유한 미망인의 아들인 데미안이 전학해 와 알게 되었다. 그는 우리 집 대문에 있는 새매 문장에 깊은 관심을 보였는데 카인과 아벨의 이야기를 일반적인 이해방식과는 전혀 다르게 카인의 표식을 통해 해석해주었다. 우리가 보통 알고 있기로는 카인은 나쁜 놈이고 아벨은 그에게 억울하게 죽임을 당한 착한 동생이다. 그러나 그는 이렇게 말했다. "표식이 먼저 있었고 표식을 토대로 이야기가 시작된 거야. 한 남자가 있었는데, 그 남자의 얼굴에는 다른 사람들을 두려움에 떨게 만드는 뭔가가 있었어. …… 사람들은 카인의 후손을 두려워했어. …… 용기와 개성을 지닌 사람들은 다른 사람들에게 늘 으스스하기 마련이야. 두려움을 모르는 으스스한 족속이 주변을 돌아다니게 되면 정말 마음이 불편하지 않겠어? 그래서 그 족속에게 별명을 붙여주고 허황한 이야기를 지어낸 거지. 그 족속에게 복수하고 싶었고, 모두들 두려움을 견디는 것에 대해 좀 보상받고 싶었겠지."98)

그런데 크로머의 괴롭힘은 계속되었고 누나를 데려오라는 협박을 받기에 이르렀다. 이런 난처한 상황을 데미안이 크로머에게 독심술을 써서 가볍게 해결해주었다. 그로부터 그런 은혜를 받았음에도 불구하고 나는 몇 년 동안 이상하게도 그를 피하고 가까이하지 않았다.

사춘기에 접어들어 김나지움에 들어간 나는 어둠의 세계에 다시 눈을 뜨게 되자 데미안과 다시 가까워졌다. 선하고 아름답고 숭고한 세계는 공식적으로 인정된 세계이지만 반쪽에 불과하며 그 나머지 반쪽인 금지된 악마적 세계도 묵살되지 않아야 한다는 것을 그는 나에게 가르쳐주었다. 그러한 가르침은 밝은 세계와 어두운 세계라는 두 반쪽 세계에 대한 나의 생각과 정확하게 일치했기 때문에 나는 한편으로는 놀라웠고 다른 편으로는 이를 계기로 어린 시절로부터 벗어나기 시작했다.

나는 다른 학교로 멀리 전학해 데미안과는 이별했다. 그 학교 기숙사에서 거주하면서 나는 모범생과는 거리가 먼 방탕한 생활에 빠져 들었다. 나는 학교에서 문제아로 찍혀 퇴학 처분의 위협을 받기까지 하였다. 아버지도 방황하는 나를 설득하지 못하고 손을 들고 말았다. 그런 방황의 와중에서 마음에 드는 우아한 소녀를 길거리에서 우연히 마주쳐 그녀를 사모하게 되었다. 그러나 그녀에게 다가서지 못하고 그녀를 베아트리체라고 부르며 짝사랑에 빠졌다. 그녀를 열렬하게 사모했기 때문에 그녀의 초상화를 그리려고 하였다. 그렇지만 나도 모르게 데미안의 모습을 그리게 되었다.

이로부터 데미안에 대한 그리움이 다시 솟구쳤다. 그러다가 방학 때 고향에 내려가 데미안과 다시 만나 또다시 정신적 충격을 받았

98) 앞의 책, p.45.

다. 그 뒤 나는 지구라는 알을 깨고 하늘로 날아오르는 커다란 새매 그림을 그려 데미안에게 무작정 보냈다. 기대하지도 않았는데 데미안은 "새는 알을 깨고 나오려 힘겹게 싸운다. 알은 세계이다. 태어나려고 하는 자는 세계를 깨뜨려야 한다. 새는 신에게로 날아간다. 그 신의 이름은 아브락사스다"라는 쪽지를 보내왔다. 아브락사스는 두 세계를 포괄하는, 신이면서도 악마이기도 한 고대의 신이었다. 아브락사스라는 이름을 통해 피스토리우스라는 목사와 친해지고 그의 지도로 나는 알 깨고 나와 하늘로 도약하기 시작했다. 그렇지만 그 뒤 그의 종교적인 현학에 실망하여 나는 그와 결별하였다.

김나지움을 졸업하고 대학에 들어간 나는 시내를 배회하다가 우연히 데미안과 만나게 되었다. 그리고 그의 집에서 꿈에도 그리던 그의 어머니 에바부인과 드디어 상봉하게 되었다. 나는 거기서 어머니 같기도 하고 연인 같기도 하고 여신 같기도 한 에바부인과 만나 대화하면서 마음이 한결 풍요로워졌고 행복해졌다. 그렇지만 행복한 시간도 잠깐일 뿐이었고 유럽에는 전쟁이 발발하였다. 나와 데미안 둘 다 전쟁터로 나갔다. 나는 거기서 폭탄을 맞고 부상을 입었다. 그 뒤 후방의 병원으로 후송되어 침대에 누워 있다가 데미안을 다시 만났다. 그는 나에게 이제 날 찾지 말고 자신의 내면에 침잠해서 자기 자신을 찾기를 당부하고 이튿날 어디론가 사라졌다.

앞에서 간략하게 그 줄거리를 살펴본 『데미안』은 1차 세계대전을 앞둔 유럽사회의 불안과 혼란 속에서 자기 자신을 찾으려는 싱클레어의 내면적 고투를 묘사한 작품이다. 그런데 헤세는 19세기의 철학자 니체의 사상과 20세기 초반에 싹트고 있었던 융의 정신분석학에 상당한 영향을 받고 이 소설을 쓴 것 같다.

데미안이 싱클레어에게 들려준 카인과 아벨의 이야기는 약자들의 도덕은 강자에 대한 그들의 질투로부터 비롯된다고 해석한 니체로부터 영향을 받은 게 분명하다. 그리고 니체는 고독하게 운명과 맞닥뜨리면서도 운명을 회피하지 않고 사랑함으로써 자기 자신에 이른 철학자로서 이 소설의 몇 군데에서 소개된다. "내가 수강한 철학사강의는 대학생들의 행실만큼이나 알맹이 없고 대량 생산된 상품처럼 획일적이었다. …… 나는 니체와 함께 살며 그의 영혼의 고독을 느끼고 그를 끊임없이 몰아친 운명을 냄새 맡고 그와 더불어 괴로워하고, 또 그토록 냉엄하게 자신의 길을 간 사람이 있었다는 사실에 행복해했다."[99]

헤세는 융의 동료이자 제자인 랑박사로부터 정신분석 치료를 받은 적도 있어서 융의 정신분석학에도 상당한 관심이 있었다. 융은 의식의 차원에 있는 개인의 '자아'와 그가 '자기'라고 부른 진짜 '나'를 구분하고 본래의 자기로 돌아갈 것을 강조했다. 이 본래의 자기란 개인의 무의식이 아니라 인류의 집단무의식까지 돌파한 것이다. 랑박사가 그 모델인 피스토리우스도 그런 이야기를 싱클레어에게 들려준다. "우리는 개성의 경계를 너무 좁게 그리지요! 우리가 개인적이라 분류하는 것, 다른 사람들과 다르다고 인식하는 것만을 우리의 인품에 포함시키고 있어요. 하지만 우리는, 우리 모두는 세계를 이루는 모든 것으로 이루어져 있어요. 우리의 몸이 물고기를 지나 훨씬 더 멀리까지 거슬러 올라가는 진화의 계보를 품고 있듯이, 우리의 영혼도 지금까지 인간의 영혼에 살았던 모든 것을 지니고 있지요."[100]

---

99) 앞의 책, p.183.
100) 앞의 책, p.145.

또한 이 소설에는 싱클레어의 꿈 이야기가 많이 등장한다. 이런 꿈 이야기에서 융이 자기나 원상(Urbild)이라고 부른 집단무의식이 표출된다. "희열과 공포, 남자와 여자가 뒤섞여 있었으며, 더 없이 신성한 것과 추악한 것이 한데 얽혀 있었고 깊은 죄가 더 없이 섬세한 무죄를 가르며 움찔했다."[101] 더군다나 싱클레어가 소설 마지막에 본래의 자기로 돌아간다는 점에서도 융이 말하는 개성화,[102] 즉 자아실현을 이 소설은 암시하고 있다.

이 소설의 서두에 나오는 "모든 인간의 삶은 저마다 자기 자신에 이르는 길이고, 그 길을 가려는 시도이며, 하나의 좁은 길에 대한 암시"라는 싱클레어의 고백은 이 소설의 주제가 자아실현을 위한 참된 나의 탐구임을 잘 드러내고 있다. 이러한 자아실현에 가까이 다가간 인물이 바로 데미안이다. 이 소설에서는 데미안이 내면으로 침잠하여 자기 자신에 도달하는 모습이 두 번 묘사되어 있다. "앞으로 살짝 숙이고 두 눈을 크게 뜬 얼굴은 죽은 사람처럼 멍하니 생기가 없었다. 작은 빛줄기 하나가 마치 유리조각에 비치듯 눈동자에 흐릿하게 반사되었다. …… 마치 사원의 정문을 장식한 태고의 동굴가면 같았다. 그는 숨을 쉬지 않는 듯했다. …… 그리고 그때, 아마 6년 전일 것이다, 그는 저렇게 늙고 저렇게 시간을 초월한 듯 보였다."[103] 이 장면은 데미안이 내면의 깊은 곳까지 침잠하여 무아지경에 빠져 있는 것 같은 모습을 묘사한 두 번째 대목이다.

이 모습은 노자가 『도덕경』에서 묘사한 도를 통한 사람의 모습이

---

101) 앞의 책, p.132.

102) "'개성'이 깊고 영구적이고 비교 불가능한 우리의 독특함을 포함한다는 점에서 본다면, 개성도 자기가 된다는 것을 의미한다. 따라서 개성화는 '자기가 되는 것' 혹은 '자기실현'으로 옮겨질 수 있다."(칼 구스타프 융, 『칼 융의 말』, 정명진 엮음, 부글북스, 2017, p.52)

103) 앞의 책, p.207.

나 장자가 『남화경』에서 묘사한 좌망의 경지에 이른 안회의 모습과 유사한 듯이 보인다. 그러나 서양사상에서는 참된 '나'나 본래의 자기를 발견하여 실현하고 나서야 자아나 자기가 망각된다. 그런 점에서 서양사상의 자아실현은 동양사상의 자아의 소멸과 망각과는 다르다. 서양사상은 항상 자아나 자기에 초점을 두기 때문이다. 그럼에도 불구하고 서양문화에서 이루어지는 자아실현의 끝사락은 인제나 자아나 자기의 소멸과 초월이다. 그러므로 바로 이 지점에서 동양사상과 서양사상은 서로 만날 수 있을 것이다. 이런 점을 알고 있었던 사상가들은 심리학자들인 융, 프롬 그리고 매슬로이다. 그들 중에서 프롬과 매슬로가 이 점을 자아실현의 역설을 통하여 가장 명료하게 통찰하고 표현하였다. 그럼 다음에서 이들의 사상을 살펴보자.

2) 융의 자기실현

자기실현에 해당하는 독일어는 Sebstverwirklichung이고 영어는 self-realization이다. 이 용어는 한국어에서는 일상적으로 보통 자아실현으로 번역되곤 한다. 그리하여 이 글에서도 자아실현이라는 용어를 일관되게 사용하였다. 하지만 여기서만큼은 자기실현이라는 용어를 사용해야 하겠다. 융은 자아와 자기를 엄격하게 구분하여 자기실현을 그의 심리학의 중심 개념으로 삼았기 때문이다. 이 자기실현이라는 중심 개념을 이해하기 위해서는 그와 프로이트의 관계를 먼저 다루는 게 좋을 것 같다.

융은 정신의학을 전공하였고 정신과 의사로서 환자를 진료하면서 동시에 대학에서 강의를 하기도 하였다. 그는 프로이트의 『꿈의 해석』 등에 나오는 꿈과 히스테리 연구에 비상한 관심을 쏟던 1906년에 프로이트의 연구를 옹호하는 논문을 발표했다. 그 당시에 프로이트는 학계로부터 배척을 당하고 있었던 처지이기 때문에 융의 발표는 용감한 시도였다. 이러한 일을 계기로 프로이트는 그를 빈으로 초청하여 그는 거기에서 프로이트와 만났다. 그들은 장장 13시간 동안이나 쉬지 않고 대화를 나누었다. 정신분석학의 두 거장들이 처음부터 불꽃 튀는 탐색전을 벌인 셈이었다.

그 당시에도 그는 프로이트의 리비도 이론에 전적으로 찬동한 건 아니었다. 프로이트는 리비도를 성적 충동이라고 해석하였다. 그리하여 꿈이라든가 신경증, 더 나아가서 문화도 리비도의 억압과 승화에 관련된다고 보았다. 꿈은 억압된 욕망의 위장된 충족이며 신경증도 리비도의 억압이나 성적인 외상(trauma)에 의해 생긴다고 그는 주장했다. 이와는 반대로 융은 리비도가 단순히 성적인 충동으로 제한될 수 있는 게 아니라 오히려 정신적 에너지라고 해석했다. 꿈이나 정신적 장애를 과도하게 성적인 차원으로 끌어내리려는 프로이트의 시도에 반대하였다. 프로이트는 리비도의 영적인 차원을 간과했다고 그는 생각했다. "프로이트의 『꿈의 해석』을 읽고 나는 억압기제가 연상장애에도 작용하고 있으며, 내가 관찰해온 사실들이 그의 이론에 부합한다는 것을 알게 되었다. …… 억압의 내용에 관해서는 상황이 달라졌다. 이 점에서는 프로이트가 옳았다고 인정할 수 없었다. 그는 억압의 원인을 성적 외상이라고 여기고 있었는데 나로서는 만족스럽지 않았다. 나의 치료과정에서는 신경증의 많은 사례에서 성욕의 문제는 다만 부차적인 역할을 할 뿐이고 다른 요인들이 주요 원인이라는 것을 알 수 있었다."[104)]

프로이트의 리비도이론에 대한 그의 비판은 그가 임상적 치료에서 터득한 집단적 무의식의 통찰에 근거하고 있다. 그는 프로이트가 무의식을 경험적 연구를 통해 밝혀낸 위대한 정신분석학자라고 인정하긴 했다. 하지만 프로이트는 억압에 의해 형성되는 개인적 무의식을 보았지만 이 개인적 무의식을 넘어서는 집단적 무의식을 생각조차 하지 못하였다고 그는 비판하였다. "알려진 바와 같이 프로이트의 견해에 의하면 무의식의 내용이란 의식에서 받아들여질 수 없는 특성 때문에 억압된 유아적 경향에 한정된다. **억압**은 초기의 어린 시기에서 주위의 도덕적 영향을 받아 시작되어 전 생애를 통하여 지속하는 하나의 과정이다. 분석을 통하여 억압이 제거되며 억압된 욕구들은 의식화된다. 프로이트의 이론에 따르면 무의식이란 이를테면 인격 가운데서 의식화될 수 있는 부분, 그리고 오직 교육을 통해서 억압되어 있는 부분만을 포함한다는 것이었다. …… 무의식은 그 밖에도 다른 측면을 갖고 있다. 즉, 무의식의 범위에는 억압된 내용뿐만 아니라 의식의 문턱값에 이르지 못한 모든 심리적 소재가 포함되어 있다."105)

이러한 개인적 무의식과는 별도로 억압의 원리로 설명할 수 없는 집단적 무의식이 있음을 부성 콤플렉스에 걸린 어떤 여자 히스테리 환자의 사례에서 그는 확인하였다. 정신과 환자는 의사를 전적으로 믿고 의지하기 때문에 환자의 꿈은 대체로 의사라는 인물과 관련되어 있다. 이 환자도 아버지를 닮은 의사가 엄청난 거인의 모습으로 언덕에 서서 그녀의 아주 작은 몸을 바람처럼 껴안아 흔들어주는 꿈

---

104) 카를 구스타프 융, 『기억 꿈 사상』, A. 야페 편집, 조성기 옮김, 김영사, 2007, p.276.
105) C. G. 융, 『인격과 전이』, 한국융연구원 옮김, 솔, 2004, p.17.

을 꾸었다. 융은 이 꿈을 단순히 환상이라고 치부하지 않고 의사라는 인물이 바람이기도 한 태고의 아버지, 즉 신의 표상을 상징한다고 해석하였다. 고대에서 신이란 종종 바람이나 눈에 보이지 않는 숨결로 묘사되기 때문이다. "고태적인 신의 표상에 관한 나의 사례가 가리키는 것처럼 무의식은 단순히 개인적인 획득물이나 부속물 이외의 다른 것을 포함하는 것 같다. …… 아무튼 이것은 잠재기억의 유무에 관계없이 한 현대인의 무의식 속에서 자라나 생동적 작용을 발휘한 순수하고도 원시적 신상 神像이며 …… 이 상은 '개인적인 것'이라고 부를 수는 없을 듯하다. 그것은 **집단적인** 상이다. 그것이 모든 종족에서 출현한다는 사실은 이미 오래전부터 알려져 있는 것이다. …… 이 집단적 심상은 다시 살아난 **원형**이다. …… 이런 사실로 보아 우리는 무의식이 개인적인 것뿐 아니라, 비개인적인 것, **유전된 범주**나 원형의 형태로 집단적인 것을 내포한다고 가정하지 않을 수 없다. 그러므로 나는 무의식이 보다 깊은 층에 상대적으로 생동하는 집단적 내용을 가지고 있다는 가설을 제창했다."[106)]

프로이트는 꿈은 인간의 억압된 소망이 왜곡되어 표현된 것이므로 꿈의 숨은 뜻을 해독하는 작업을 중시했다. 그렇기 때문에 꿈의 해석은 그에게는 은밀한 개인적 차원에 머문다. 그 반면에 융은 꿈은 선험적이고 집단적인 원형을 품고 있는 상징으로 표현된다고 보았다. 그렇기 때문에 그는 상징의 의미를 자연스럽게 신화의 비교연구에 의해 찾아내려고 하였다.

그는 자서전에서 다음과 같이 고백하였다. "나의 꿈은 이와 같이

---

106) 앞의 책, p.30.

일종의 인간정신의 구조적 도식을 이루고 있었다. 그것은 정신의 기초를 이루고 있는, 전적으로 '비개인적'인 성질의 어떤 것을 가정하고 있었다. …… 그 꿈은 개인정신의 밑바닥에 있는 선험적이고 집단적인 것에 대한 최초의 암시였다. …… 꿈은 배후에 그 의미를 숨기고 있는 '가면'으로 이해하는 프로이트의 주장에 동의할 수 없었다. …… 나에게 꿈이란 자연의 일부로서 속이려는 의도를 품고 있지 않다. 식물이 가능한 한 자라나려 하고 동물이 가능한 한 먹이를 찾으려고 하는 것과 똑같이, 꿈도 가능한 한 자연스럽게 어떤 것을 표현하려고 한다."[107]

융은 이런 식으로 프로이트의 정신분석학과 완전히 결별하고 말았다. 이 글에서 다소 장황하게 프로이트와 융을 대비시킨 까닭은 그의 자기실현 개념이 꿈에 대한 그의 해석과 집단무의식의 원형에 터전을 두고 있기 때문이다.

프로이트는 자아와 자기를 구분하긴 했지만 그 구분이 애매하였고 자아가 자기를 대표하는 것으로 간주했다. 그리고 그는 초기에는 마음의 구조를 의식과 무의식으로 나누었지만 후기에는 원초아(id), 자아(ego), 초자아(superego)로 나누었다. 그리하여 자아는 원초아와 초자아에 둘러싸여 불안하긴 하지만 그는 자아에 역시 중점을 두었다.

이와는 달리 융은 마음의 구조를 의식과 무의식으로 나누어 의식의 중심에 자아를 두었지만 자기를 중시했다. 자기는 의식과 무의식을 포괄하는 인격의 전체성일 뿐만 아니라 자아가 따를 수밖에 없는 전체성의 중심이기도 하다. 그래서 그는 자기를 "의식적 정신과 무

107) 카를 구스타프 융, 『기억 꿈 사상』, A. 야페 편집, 조성기 옮김, 김영사, 2007, p.300.

의식적 정신의 전체성"[108]이라고 정의하였다. 그런데 자기는 무의식이기 때문에 칸트의 물 자체와 같이 우리가 인식하거나 진술할 수 없는 것이다. 융은 이 말로 표현할 수도 없고 인식할 수도 없는 자기가 우리의 정신생활을 규정한다고 여겼다. "나는 이 중심을 **자기**라고 불렀다. 지적인 면에서 자기는 하나의 심리학적인 개념에 지나지 않는다. 그것은 우리가 이것이라고 포착할 수 없는 인식 불가능한 본체를 표현하게 될 하나의 구조이다. 이 구조는 …… 우리의 이해능력을 넘어서는 것이다. 그것은 '우리 안에 있는 하느님'이라고도 말할 수 있는 것이다. 우리 전체 정신생활의 여러 시발은 피할 수 없이 이 중심에서 뿜어 나온 것이다. …… 세심한 독자는 자기와 자아가 태양과 지구 사이만큼이나 깊이 관계하고 있다는 사실을 충분히 알게 되었을 것이라고 나는 믿는다."[109]

그는 자서전에서 자신의 삶은 무의식이 자기를 실현하는 역사라고 정의하였다. 다시 말해서 그는 평생 동안 자기를 찾아서 실현하려고 했다고 할 수 있을 것이다. 그러나 우리는 선뜻 자기를 이해하기가 쉽지 않다. 그래서 그는 자기의 상징으로 원을 제시하였다. "자기에 대한 심리학적 정의는 전체성이고, 또 둘레에 무의식이라는 무한한 영역을 두르고 있는 자아이다. 이 무의식에 있어서 자기가 전체성을 이룰 수 있다. …… 어쨌든 의식의 중심인 자아는 큰 원 혹은 무한한 범위 안에 들어 있는 작은 원이다. 우리는 다만 중심이 있는 곳을 알 수 있을 뿐 원주가 어디 있는 지도 모른다. …… 신은 원이고, 원의 중심은 어디에나 있지만 원주는 어디에도 없다는 사상과

---

108) C. G. 융, 『꿈에 나타난 개성화 과정의 상징』, 한국융연구원 옮김, 솔, 2002, p.229.
109) C. G. 융, 『인격과 전이』, 한국융연구원 옮김, 솔, 2004, p.159.

똑같은 것이다."[110]

이렇게 본다면 자기실현은 무의식의 내면에서 신을 발견하고 신과 만나는 것을 뜻한다고 할 수 있다. 이것은 기독교 신비주의 사상과 같다. 그는 칸트, 쇼펜하우어, 니체 등의 철학을 공부했을 뿐만 아니라 에크하르트, 뵈메, 블레이크 등의 기독교 신비주의 사상가들을 연구했다. 그는 이런 사상가들에서 자기실현의 사상을 엿보았다. 더 나아가서 그는 기독교 신비주의라는 역사적 흐름에서 자기실현의 상징들을 찾아내었다. 여기서 그친 게 아니라 인도, 중국, 아프리카, 아메리카 등 지구 곳곳에서도 그런 자료들을 발굴했다. 이러한 자료들을 마법의 원을 지칭하는 만다라라고 그는 불렀다.

만다라를 통한 선험적이고 집단적인 무의식의 내적 체험은 보편적이기 때문에 이 내적 체험을 통해 개성은 사라지는가? 그렇지는 않다. 도리어 이런 내적 체험은 개인의 의식화를 통해서 비로소 이루어질 수 있기 때문에 자기실현은 개성화라고 할 수 있을 것이다. 앞에서 우리가 살펴본 헤세의 『데미안』도 바로 자기실현, 즉 개성화를 주제로 삼고 있는 소설이다.

그리고 여기서 개성이란 일상적으로 나타나는 개인적인 특성이 아니다. 그런 개성은 집단정신의 요구에 부응해 남에게 겉으로 보여주는 모습에 불과하기 때문에 융은 그것을 페르소나(persona, 가면)라고 불렀다. 여기서 개성이란 의식과 무의식을 포괄하는 전체적 인격을 뜻한다. 그러므로 여기서 개성화는 자기중심적(selbstisch)일 수도 없고 개인주의(Individualismus)나 이기주의일 수도 없다.

---

110) 칼 구스타프 융, 『칼 융, 차라투스트라를 분석하다』, 김세영 · 정명진 옮김, 부글북스, 2017, p.303.

융이 자기실현을 삶의 목표로서 제시하고 동양에까지 자기실현의 사상을 뻗쳐나갔으므로[111] 나를 탐구하고 확보하려는 서양문화로부터 벗어났을까? 그렇지는 않을 것이다.

물론 그는 서양인이 동양인보다 자아와 개별적인 것에 훨씬 더 집착한다는 것을 충분히 알고 있었다. "서양인은 '만 가지 사물'에 매료되어 있고, 개별적인 것을 바라본다. 또한 자아에 집착하고 사물에 집착하여 모든 존재가 지닌 깊은 뿌리를 의식하지 못한다. 동양인은 그와 반대로 개별적인 것의 세계는 하나의 꿈처럼 체험하며 심지어 자신의 자아에 대해서조차 그렇다."[112] 그는 동양사상에 깊은 관심을 기울였을 뿐만 아니라 동양인과 서양인의 어떤 차이를 잘 알고 있었다. 그럼에도 불구하고 동양사상에 대해 그다지 이해가 깊지 못한 것 같다. 그는 아트만(âtman)을 자기(Selbst)라는 의미로 이해했다. 그러나 불교에서는 그것은 한자로 아(我)로 번역되며 아(我)는 미혹의 근원이므로 부정된다. 불교의 삼법인 중에 제법무아(諸法無我)를 떠올리면 잘 알 수 있다.

그의 자아실현 개념은 '깨달음'이라든가 '도(道)'와 분명히 일맥상통하는 바가 있다. 그러나 이 '깨달음'이나 '도(道)'에서는 자아는 물론 자기도 다 사라진다. 동양사상의 아(我)는 서양사상의 자아와 자기를 다 품고 있기 때문이다. 그 반면에 서양문화에서는 나를 탐구하고 확보하려는 경향이 강하기 때문에 자아도 강조될 뿐만 아니라 자아의 연장선인 자기도 강조되지 않을 수 없을 것이다. 따라서 자

111) 동서사상의 만남은 심리학에서보다는 형이상학에서 이루이지는 게 더 좋을 것 같다. 융의 자기 개념이야말로 형이상학적이기 때문이다.

112) C. G. 융, 『꿈에 나타난 개성화 과정의 상징』, 한국융연구원 옮김, 솔, 2002, p.15.

기라는 또 다른 중심을 만들어내려는 융의 시도는 그가 몸담고 있는 서양문화의 한계를 보여준다.

동양사상에서는 무의식과 의식, 이성과 감성을 확연하게 구분하지 않는다. 그러나 융의 심리학에서는 무의식과 의식, 이성과 감성을 확연하게 구분한다. 그리고 융은 우리가 이성을 포기할 수도 없고 그것을 포기해서도 안 된다고 강조했다. 그런 점에서 그의 심리학은 동양사상에 가까운 듯 보이지만 여전히 서양의 합리주의적 전통 아래에 있는 셈이다. 더군다나 그는 리하르트 빌헬름이 독일어로 번역한 『주역』의 서문에서도 상징으로 점괘를 풀이하는 방식이 불편하다고 고백하였다. 이런 점에서도 그가 무의식을 통해 동양문화에 접근하려고 했지만 여전히 서양문화의 품을 벗어나지 못했다고 할 수 있을 것이다.

융은 자기실현이 자기의 사라짐임을 알고 있었다. 그러면서도 우리가 자기를 일단 발견하고 나서야 자기를 없앨 수 있다고 생각했다. 이런 점에서도 그는 여전히 서양문화의 품 안에 머물고 있다.

3) 에리히 프롬

에리히 프롬은 원래 프로이트의 정신분석학을 전공한 사상가였다. 그러나 그는 개인의 정신세계를 분석하는 데 그치지 않고 프로이트의 정신분석학을 사회에 적용하였다. 더 나아가서 그는 물질적으로나 정신적으로 건전한 사회를 이룩하기 위해서 우리가 어떻게 살아야 하는지에 무척 관심이 많았다. 이럴 때 그는 자아실현의 삶을 이러한 사회의 조건으로서 제시하였다.

어떻게 자본주의 사회에서 인간이 무력한 인간으로 전락하여 자아를 상실하는지를 그는 『자유로부터의 도피』라는 책에서 치밀하게 서술했다. 서양에서 자본주의는 인간을 교회의 권위와 봉건적 신분 질서로부터 해방시켜 자아의 성장과 적극적 자유의 성취에 크게 기여했다. 그 반면에 자본주의는 인간을 이기적으로 만들었을 뿐만 아니라 개인을 고립시키고 보잘것없는 존재로 전락시켜 무력감에 빠지도록 하였다. 요컨대 자본주의에서 인간은 전통적인 속박으로부터 벗어나 자아성장을 추구할 수 있었지만 보잘것없고 무력한 개인으로 전락한 셈이다. “한마디로 말해, 자본주의는 단지 인간을 전통적인 속박으로부터 해방시켰을 뿐만 아니라, 인간의 적극적인 자유를 증대시켜 능동적이며 비판적인, 그리고 책임질 수 있는 자아를 성장시키는 데 막대한 공헌을 했다. …… 그와 동시에 그것은 개인을 더 한층 고립시킴으로써 개인들에게 하찮음과 무력감을 갖게 했다.”113)

자본주의가 발전함에 따라 독점적 자본의 힘이 증대하자 많은 개인들의 경제적 독립이 허물어졌고 이 힘이 그들의 운명을 좌우하게 되어 그들은 무력감을 느끼지 않을 수 없었다. 그리하여 그들은 그들이 종사하는 대기업이라는 거대한 기계의 크고 작은 톱니바퀴와 같은 존재로 추락해버리고 말았다. 그들이 노동조합을 결성하여 기업의 경영에 참여할 순 있겠지만 노동조합조차도 거대한 조직으로 발전하여 그들의 창의성은 막히게 되고 또 다른 거대한 기계의 작은 톱니바퀴에 불과한 존재로 전락하고 말았다.

그들은 상품의 소비자로서도 한 사람의 중요한 고객이 아니라 보잘것없는 ‘한 사람’의 고객에 머물고 말았다. 게다가 오늘날의 상품

---

113) 에리히 프롬, 『자유로부터의 도피』, 원창화 옮김, 홍신문화사, 2008, p.94.

광고와 정치적 선전도 그들의 비판적 사고력을 마비시키고 그들을 거대 기업과 정당의 힘에 압도당하는 보잘것없는 존재로 전락시켜 그들의 무력감을 더욱 증대시켰다. "그는 행동할 수 있으나, 스스로에 대한 독립감과 중요성에 대한 감각은 사라져버리고 말았다."114)

이런 개인들의 자아는 재산의 소유를 통해서 간신히 지탱될 순 있겠지만 불안정하게 지탱될 수 있었을 뿐이다. 그러므로 그들은 개인적 자아의 독립, 즉 자유로부터 도피해서 개인적 자아에 결여된 힘을 다음과 같이 자아의 상실을 통하여 벌충하려고 하였다.

첫째로, 그들은 사디즘과 마조히즘처럼 외부의 권위에 자신을 맡겨 그것을 자신과 동일시하려고 한다. 그리하여 그들은 개인적 자아를 포기하고 타자의 권위에 의존하거나 타인을 지배함으로써 자유로운 삶으로부터 도피하려고 한다.

프로이트는 처음에는 마조히즘과 사디즘을 성적인 현상으로서 다루었다. 이에 따르면, 마조히즘은 타인으로부터 학대를 받음으로써, 사디즘은 거꾸로 그를 학대함으로써 쾌락을 추구하려는 성적 도착(倒錯)이다. 그러나 나중에 그는 죽음의 본능과 같은 파괴적 본능과 성적 본능을 융합시킨 관점에서 마조히즘과 사디즘을 비성적(非性的)인 현상으로 바라보아 자기 자신이나 타인을 파괴하려는 성향으로서 해석하였다.

마조히즘적 인간들은 열등감이나 무력감에 빠져서 자신을 하찮은 존재로 여기고 타자의 힘과 권위에 복종하려는 성향을 띤다. "대부분의 경우 그들은 다른 사람들이나 제도 또는 자연과 같이 그들의 외부에 있는 힘에 의존하려는 성향이 뚜렷하다. …… 그들은 자기를

114) 앞의 책, p.113.

내세우거나 자기가 하고 싶은 일을 하는 대신, 현실적이거나 또는 외부의 힘에 의해 함부로 주장된 질서에 복종하고자 한다. …… 마조히즘적인 의존은 사랑이든가 충성 또는 실제적인 결점을 적절하게 표현한 열등감, 그리고 전적으로 바꿀 수 없는 환경의 탓이라고나 할 수 있는 인간의 고민 같은 것으로 합리화된다."[115] 그리하여 그들은 자기 외부의 더 강력한 권위에 자발적으로 복종함으로써 개인적인 자아를 상실한다.

사디즘적인 인간들은 타인을 절대적으로 지배함으로써 그를 도구화하여 착취하고 이용할 뿐만 아니라 그를 괴롭히려는 성향을 띤다. "우리가 관찰할 수 있는 갖가지 형태의 사디즘은 결국 하나의 본질적 충동으로 돌아간다. 곧 타인을 완전히 지배하고자 하여 그를 자신의 의지에 대해 무력한 대상으로 삼음으로써 그에게 군림하는 절대적인 지배자가, 그의 신이 되어 마음대로 조종하는 것이다. …… 타인-또는 다른 생물-을 완전히 지배하는 쾌락, 이것이 사디즘적인 충동의 본질이다."[116]

마조히즘적 인간이 충성이나 열등감으로 마조히즘적 성향을 합리화하듯이, 사디즘적 인간도 선의나 배려로 사디즘적 성향을 합리화한다. 그리고 마조히즘적 인간이 그가 복종하는 강자에게 의존하듯이 사디즘적 인간도 그가 지배하는 약자에게 의존한다. 사디즘적 인간에게도 지배할 인간이 필요하기 때문이다. 그래서 사디즘적 인간도, 마조히즘적 인간도 다 같이 사디즘과 마조히즘의 대상을 필요로 하고 이 대상에 의존해서만 안정감을 얻을 수 있다. 이런 점에서 그

115) 앞의 책, pp.121~122.
116) 앞의 책, p.134.

들은 그 대상 속으로 자아가 용해되어 자아를 상실하기에 이른다.

둘째로, 그들은 무력감과 고립감을 이기지 못해 대상을 파괴하고 제거하려고 함으로써 그들은 자유로부터 도피하려고 한다. 이런 파괴적 성향은 사디즘적 성향과는 다르다. 사디즘적 인간은 자기를 강화하기 위해 사디즘적 대상을 필요로 하고 그것에 의존하기 때문에 이 대상을 파괴하여 제거하지 않는다.

그러나 파괴성은 대상의 파괴를 겨냥한다. "외부세계를 파괴하는 일은 외부세계의 압박에서 자기를 구제하는 거의 자포자기적인 최후의 시도이다. …… 사디즘은 타인을 지배해 약체화된 자아를 강화하려고 하지만, 파괴성은 외부세계로부터의 위협을 모두 제거함으로써 자기를 강화하려고 한다."[117] 이런 파괴성도 마조히즘과 사디즘과 마찬가지로 개인의 고립감과 무력감에서 오는 절망으로부터 비롯된다. 그렇지만 이런 파괴성을 통해서 개인적 자아의 전체성이 회복될 수 있는 건 결코 아니다. 극단적으로 이 파괴성은 자기의 파괴로 이어진다.

셋째로, 그들은 개인적 자아를 아예 버리고 자본주의에 순응하는 자동인형이 되어 고립감과 무력감을 잊어버리려고 한다. 이런 성향을 띤 사람들은 현대사회의 대부분을 차지한다. 그들은 기존의 문화를 그대로 받아들이고 남들이 기대하는 상태로 자기 자신을 변화시켜서 나와 외부세계의 갈등이나 고립감과 무력감을 해소한다. 이럼으로써 그들은 자기 자신을 상실한다. "개인적인 자아를 버리고 자동인형이 되어 주위 수백만의 다른 자동인형과 동일해진 인간은 이미 고독이나 불안감을 느낄 필요가 없다. 그러나 그 대신 그가 지불

117) 앞의 책, p.152.

한 대가는 …… 바로 자아의 상실이다."[118]

자아를 강조하는 현대적 문화에서 자아가 상실되는 상황이 나온다는 것은 참으로 역설적인 상황이다. 왜 그럴까? 이런 현대적 문화에서는 개인의 자아란 타인의 기대에 맞추어 만들어진 거짓된 자아에 불과하며 이런 거짓된 자아가 본래의 자아를 완전히 억압하기 때문이다. 우리는 대체로 자신이 독립적인 개인으로서 자유롭게 느끼고 생각하고 행동한다고 여기고 있지만 실상은 전혀 그렇지 않다. 우리는 나를 중심으로 삼아 자발적이고 창의적으로 살아갈 수도 있다. 그러나 우리는 겉으로는 우리의 이름을 걸어놓지만 실제로는 남이 바라는 대로, 사회가 기대하는 대로 느끼고 생각하고 행동할 뿐이다. 이런 사람들이야말로 자유로운 삶이 두려워 자유를 손에 쥐어주어도 어쩔 줄 몰라 내팽개치고 기존의 권위에 안주하려는 사람들이다. 그리하여 이들은 자기 외부의 더 강력한 권위에 자발적으로 복종함으로써 개인적인 자아를 상실한다.

자본주의 사회에서는 누구나 상품뿐만 아니라 자신도 팔면서 살아가지 않을 수 없다. 그렇기 때문에 자본주의 사회에서는 노동력만 상품이 되는 게 아니라 인격도 상품이 된다. 그런데 이런 인격은 세상의 인기에 의해 그 가치가 결정된다. 그러므로 인기가 없을 경우에는 인격에 바탕을 두는 자존감과 자신감도 무너지고 급기야는 자아감도 상실된다. 이런 식으로 자아의 상실은 점점 더 심화된다.

이런 자아 상실의 상황에 빠져 살아가는 건 잘못된 일이고 바람직하지도 않다. 우리는 이 상황을 박차고 나갈 용기와 믿음을 가져야 한다고 프롬은 강하게 주장한다. 우리는 자아를 진정으로 느껴 세계

---

118) 앞의 책, p.157.

의 중심, 행동의 장본인으로 일단 삼아야 한다. 이렇게 해야 우리는 자발적이고 창의적이며 개성적일 수 있음은 물론 본래의 자아로 돌아갈 수 있다.

그럼 본래의 자아로 돌아가는 것은 무엇을 의미할까? 그것은 자기중심주의도 아니고 이기주의도 아니다. 자아의 아성을 구축하는 것도 아니다. 오히려 그것은 타자와의 관계에서 자기를 확보하는 가운데 자아를 버리고 초월함으로써 자아를 실현하는 것이다. 이것이 바로 프롬이 말하는 자아실현의 역설이다. "여기에서의 역설은 그가 이렇게 자기 자신을 경험하는 과정에서 자기 자신을 잃어버린다는 것이다. 그는 자기 인격의 경계를 초월하여, '나다'라고 느끼는 순간 '나는 너다', '나는 온 세상과 하나다'라고도 느낀다."[119]

자아실현의 마지막 단계가 자아의 확보가 아니라 자아의 소멸로 본 프롬의 견해는 상당히 의미심장하다. 개체의 좁은 나는 공동체의 더 넓은 나로, 자연과 우주의 더 넓은 나로 발전해나가야 한다고 그는 본 듯하다. 바꾸어 말하자면 개체의 좁은 내가 죽어야 나는 더 넓은 나로 나아가서 자아실현이 이루어질 수 있다고 볼 수도 있을 것이다. 자아실현이란 궁극적으로 자아에 매달리는 게 아니라 자아를 소멸시켜서 그것을 넘어서는 과정이다! 이런 점에서 불교의 무아사상과 도교의 망아사상과 일맥상통한다고 볼 수 있을 것이다.

4) 매슬로

매슬로는 욕구 5단계설로 우리에게 널리 알려져 있는 심리학자다.

---

119) 에리히 프롬, 『나는 왜 무기력을 되풀이하는가』, 장혜경 옮김, 나무생각, 2016, p.198.

그의 욕구 5단계설은 심리학에서뿐만 아니라 교육학이나 경영학 등에서도 널리 인용되고 적용되어 왔다. 그것은 그가 인간의 삶을 동기의 측면에서 깊이 연구해서 나온 성과이다.

그에 따르면, 인간의 욕구란 5단계의 위계적인 서열이 있다. 5단계의 욕구란 생리적 욕구, 안전 욕구, 애정과 소속감의 욕구, 자기 존중의 욕구, 자아실현의 욕구다. 그런데 5단계의 욕구 중에서 생리적 욕구가 가장 낮은 단계의 욕구이고 자아실현의 욕구가 가장 높은 단계의 욕구다.

그리고 생리적 욕구와 같은 가장 낮은 욕구는 그보다 더 높은 욕구보다 더 강력하며 우선적이다. 예컨대 배고픔이라든가 갈증과 같은 생리적 욕구는 애정과 같은 욕구보다 더 강력하며 우선적이다. 바꾸어 말해서, 우리가 배고픔이나 갈증과 같은 욕구를 충족하지 못하면 애정과 같은 욕구로 나아갈 수도 없고 아름다움을 추구하려는 욕구도 생기지 않는다. 우리나라 속담에 '금강산도 식후경'이라고 하지 않았는가.

이 5단계의 욕구 가운데서 생리적 욕구, 안전 욕구, 애정과 소속감의 욕구, 자기 존중의 욕구는 결핍 동기로부터 나오는 욕구다. 이런 욕구들은 우리에게 음식, 안전, 애정, 소속감, 자존감 등이 부족해서 생긴 욕구들이다. 우리가 이런 욕구들을 원활하게 충족하고 나면, 예외가 있긴 하지만, 우리는 자아실현의 욕구로 나아갈 수 있다.

자아실현의 욕구는 맨 위에 있는 마지막 단계의 욕구로서 결핍 동기로부터 나오는 게 아니라 성장 동기로부터 나온다. 그렇기 때문에 그는 이 욕구를 가장 인간적인 욕구이며 우리가 지향해야 하는 가장 바람직한 욕구라고 여겼다. 그래서 그는 자아를 실현한 사람들의 특성을 면밀히 조사하고 검토하여 자아실현의 개념을 제시했다.

에리히 프롬과 비슷하게, 그는 자아실현을 인간에게 잠재된 가능성을 현실화하는 과정 또는 거짓된 자아를 벗어나 참된 자아에 이르는 과정으로서 간주했다. "자아실현을 설명하는 표현들도 어떤 사람이 잠재적인 형태로 이미 지니고 있던 자아를 현실화시켜 준다는 점을 강조한다. 정체성의 탐구나 '진실한 자신이 되어가는 것', '완전하게 기능하는 것', '완전하게 인간적이 되는 것', 개성이 발현되는 것, 또는 진정하게 자연이 된다는 것 역시 동일한 뜻이다."120)

그는 자아를 실현한 사람들의 특성을『동기와 성격』이라는 책에서 장황하게 묘사함으로써 자아실현의 개념을 보여주었다. 그것들 중 몇 가지만 들어보자.

첫째로, 자아를 실현한 사람들의 행동은 인습에 사로잡히지 않아 자발적이고 창의적일 뿐만 아니라 단순하고 자연스럽다.

둘째로, 그들은 철학자처럼 보편적인 가치체계 안에서 멀리 내다보고 근본적으로 사고한다.

셋째로, 그들은 고정관념이라는 색안경을 끼고 세상을 왜곡해 보는 게 아니라 순수한 눈으로 있는 그대로 본다.

넷째로, 그들은 사랑, 안전, 소속감, 명예, 자존감 등에서도 성숙하게 처신한다.

다섯째로, 그들은 고독을 즐기면서도 다른 사람들과 잘 어울리며 인간이나 자연에 대한 깊은 유대감과 애정을 느낀다.

여섯째로, 그들은 자아가 강하긴 하지만 자기중심적이지 않아 자

120) 에이브러햄 매슬로,『동기와 성격』, 오혜경 옮김, 21세기북스, 2009, p.153.

아를 쉽게 잊어버리고 넘어선다.

일곱째로, 그들은 경이로움, 삶의 환희, 신비 등을 느끼는 절정경험에 자주 들어선다.121)

자아를 실현한 사람들의 특성에 대한 그의 묘사를 놓고 보면, 마치 그들이 놀랍게도 불교와 도교에서 추구하는 깨침의 일단을 드러내는 것처럼 보인다. 그런 점에서 존재-인지와 관련하여 무위라는 도교철학의 개념을 그가 언급한 것은 결코 우연이 아닐 것이다. "무위라는 도교적 개념이 …… 지각이 인위적인 노력을 필요로 하지 않고 적극적이기보다는 명상적이라는 점을 말해준다. 무위는 경험을 중시하고, 간섭하지 않고, 요구하기보다는 수용한다. 그래서 지각 대상을 있는 그대로 놓아둔다."122)

아울러 매슬로에 따르면 자아를 실현한 사람들은 문제 중심적으로 사고하기 때문에 어떤 순간이라도 자아를 자신의 중심에 두지도 않아 자아와 싸우지 않고 문제를 해결해나간다. 그러니까 그도 프롬과 마찬가지로 자아실현의 역설, 즉 자아실현이 도리어 자아나 자기의 소멸이나 초월로 이어질 수 있음을 분명히 알고 있었다. "자아실현을 성취하게 되면(자율성이라는 의미에서) 역설적으로 자기와 자의식 및 이기심을 더욱 초월하게 된다."123)

서양의 문화는 오랫동안 자아를 탐구하는 과정에서 자아나 자기가 실체가 없음을 드디어 발견했다. 그러나 서양의 문화는 자아나 자기를 향한 열정이 너무 강한 나머지 자아에 대한 미련이 남아 있

121) 매슬로의 심리학에서 절정경험이라는 개념은 별로 주목을 받지 못했지만 그는 이 개념을 중시했다. 그에 따르면, 누구나 절정경험에 들어설 수는 있지만 자아를 실현한 사람들의 절정경험이 보통사람들에 비해서 훨씬 더 강하고 지속적이다.

122) 에이브러햄 매슬로, 『존재의 심리학』, 정태연·노현정 옮김, 2004, p.207.

123) 앞의 책, p.395.

었다. 그리하여 융, 프롬, 매슬로와 같은 20세기의 심리학자들은 자아나 자기를 없애거나 초월하기 전에 자아나 자기를 일단 발견해야 한다고 여겼다. 바로 그런 과정이 자아실현의 역설이라고 볼 수 있을 것이다.

앞에서 보았다시피, 불교철학과 도교철학에서도 자아와 자기의 소멸이나 초월을 지향하고 있다. 이런 점에서 동양의 문화와 서양의 문화는 서로 가까이 다가서고 있다. 그렇다면 자아실현이라는 그들의 개념을 통해서 동서사상이 서로 만날 수도 있지 않겠는가. 그리고 이런 만남을 통해서 자아나 자아실현이라는 서양 중심적 경향도 완화하는 게 좋지 않을까.

제6장

자아의 소멸과 초월에 이르는 길

1. 우리는 자아를 어떻게 보아야 하는가?

데카르트로부터 헤겔로 이어지는, 자아를 탐구하고 확보하려는 경향, 즉 나를 향한 열정은 자아를 세계의 중심으로 삼으려는 철학적 경향이다. 이러한 철학적 경향은 서양을 세계의 중심으로 삼아 동양이나 그 밖의 세계를 변방으로 밀어내려는 서양중심주의와 아주 닮았을 뿐만 아니라 그것과 동행하고 있다.

이런 서양중심주의를 전면적으로 공격하여 해체하려고 했던 서양철학자는 자크 데리다이다. 철학의 영역에서 플라톤이 서양중심주의를 개시했으며 헤겔이 그것에 정점을 찍었다고 그는 비판하였다.[124] 그러나 그것을 해체하려는 그의 시도는 동양철학이 거의 도외시되고 서양철학의 테두리 안에서 이루어졌을 뿐이다. 그렇기 때문에 그가 그것을 극복하려는 노력은 절반의 성공에 그치고 말았다.

그런 점에서 서양중심주의의 해체는 동서사상의 만남으로 발전되어야 할 것 같다. 오늘날 우리가 맞닥뜨리고 있는 지구촌의 위기를 고려한다면 더욱 그렇다. 지구적 자본주의의 경제적 위기와 생태계

124) 이에 관해서는 조홍길, 『헤겔의 사변과 데리다의 차이』, 한국학술정보, 2011을 참조하라.

파괴 등의 환경적 위기는 단순히 자본주의의 한계를 드러내는 데 그치는 게 아니라 서양중심주의의 파탄, 즉 서양문화의 한계를 의미하기 때문이다. 따라서 서양을 중심으로 삼아서는 지구적 자본주의의 경제적 위기와 기후변화와 같은 환경적 위기 등을 우리는 해결할 수 없을 것이다. 요즘 한국에서 새로운 화두로 떠오르는 4차 산업혁명조차도 또 다른 문제를 야기할 수 있기 때문에 이런 위기를 해결하는 데는 크게 기대할 수도 없다.

그렇다면 어떻게 해야 할까? 서양중심주의를 해체하여 동양과 서양이 손에 손을 잡고 나아가는 길이 좋을 것 같다. 서양 중심적 문화에 비친 동양의 모습은 항상 일그러진 모습이었기 때문에 동양과 서양의 진정한 만남을 우리는 21세기에 기대할 수 있을 것이다. 그런 맥락에서 우리는 자아와 자아실현의 문제도 서양중심주의의 해체와 동서사상의 만남이라는 차원에서도 고찰해보아야 할 것이다.

서양문화가 만들어낸 자아 개념은 서양의 역사, 더 나아가 세계사에서 충분히 제 역할을 완수했다. 그것은 지구적으로 개인의 자유와 권리, 개성의 발현 그리고 민주주의의 발전에 큰 기여를 해왔다. 그 반면에 그것은 자아도취나 이기적 생활방식을 정치, 경제, 문화 등 여러 분야에 광범위하게 퍼뜨림으로써 환경오염, 약물중독, 테러리즘, 범죄, 더 나아가 정치적 불안과 경제적 불평등을 야기했다. 그러므로 이런 자아 개념을 더 이상 고수하거나 강화하려는 시도는 잘못되었을 뿐만 아니라 결코 바람직하지도 않을 것이다. 더군다나 이런 자아 개념을 동양문화에 적용해서 동양문화를 해석하려고 하는 시도는 더욱 잘못되었을 뿐만 아니라 위험하기조차 하다.

우리는 그렇게 하는 대신에 자아에 대한 동양철학, 특히 불교철학과 도교철학의 관점을 살려야 한다. 21세기의 신경과학은 의지를 지닌 단 하나의 자아란 환상에 불과하다고 이미 폭로하지 않았는가. 이런 자아가 없기 때문에 자아의 정체성(identity)은 여러 가지로 분출될 수도 있을 것이다. 자아에 관한 한, 불교철학과 도교철학의 관점이 도리어 옳다는 것이 점점 더 드러나고 있다.

오늘날의 심리학자들은 잘못된 자아를 강조하는 문화를 질타하고 건강한 자아를 기르기를 주장하고 있다. 그러나 자아나 자기를 강조하는 서양문화 자체가 문제인 것이다. 그런 문화는 결코 건강하지 못하다. 자아가 개성의 근거라고 여겨지고 있지만 자아에 바탕을 둔 개성은 경직되고 제한된다. 오히려 자아가 지워지면 개성은 더욱더 활달하게 발휘될 것이다. 더군다나 그런 문화는 자아와 타자를 갈라놓아 배타적인 방향으로 나아갈 수 있을 것이다. 그러므로 자아를 지우려는 문화가 더 바람직할 것이다.

동양의 불교철학과 도교철학에서만 자아를 죽이려는 사상적 경향이 있는 건 아니다. 서양의 유대적·기독교적 전통에서도 그런 경향이 있다. 그러나 그런 전통에서는 전지전능한 신에게 자신을 맡겨야 하므로 신에게 인간의 마음이 예속되어 버린다. 그런 점에서 불교철학과 도교철학이 훨씬 더 인간의 마음을 자유스럽게 만든다. 에리히 프롬은 이런 점을 다음과 같이 지적하였다.

> "유대적·기독교적인 사상과 선불교적 사상에는 공통적인 것이 있는데, 그것은 완전한 마음이 열려 반응적이고 각성적이고 살아 있는 것이 되기 위해서는 내가 나의 '의지'(나를 중심으로 나의 외부세계와 내부세계를 강제하거나 지시를 내리고 교살하려는 나의 욕망을 뜻함)를 버리지 않으면 안 된다는 자각이다. ……

> 기독교적 용어로는 때때로 '자기 자신을 죽이고 신의 의지를 받아들인다'라고 일컬어진다. …… 그러나 흔히 통속적인 해석이나 경험으로 보면, 이러한 형식적인 설명이 뜻하는 것은 자기 자신이 결정하는 대신에 결정이 자기를 보호하여 주고, 자기에게 이로운 것이 무엇인가를 알고 있는 전지전능한 하느님에게 맡긴다고 하는 것이다. 이러한 경험에 있어서는 인간이 마음을 열거나 반응적이 될 수 없고, 복종적이거나 종속적으로 될 수밖에 없다는 것이 명백하다. 자아주의(에고이즘)의 참된 행복의 의미에 있어서 신의 의지에 따른다고 하는 것은, 오히려 신의 개념이 없다면 가장 잘 이루어질 수 있다. 역설적으로 말하면 내가 신을 잊어버린다면 나는 진정으로 신의 의지에 따르게 된다. 선(禪)의 공(空)의 개념은 도움을 주는 아버지라고 하는 우상숭배적인 개념으로 퇴행하는 위험성이 없이 자기의 의지를 버릴 수 있다고 하는 참된 의미를 포함하고 있는 것이다."[125]

20세기의 심리학자인 융도 스즈키의 『아홉 마당으로 풀어쓴 禪』의 서문에서 서양 사람들이 이러한 깨달음에 접근하기 어려움을 그들의 편견과 옹고집에 기인한다고 보았다. "이 어려움은 철학적, 종교적인 서구인이 이방(異邦)의 것은 도외시해야 마땅하다고 믿고 있던 옹고집과 편견에 기인한다. 서양에서 철학자는 삶과 무관한 '앎'(knowledge), 즉 지식의 본성과 기원의 문제에만 머리를 싸맸다. 그들은 또 기독교인이라는 이유로 이방인(異邦人)의 가르침과는 관계를 맺지 않으려 했다. …… 이러한 서양적 굴레를 벗어나지 않는 한 '깨달음'은 없다."[126] 융이 언급한 이러한 서양적 굴레란 오늘날 용어로 표현한다면 서양중심주의가 될 것이다. 따라서 우리가 서양중심주의를 해체한다면 '깨달음'에 접근하기가 용이할 뿐만 아니라

125) E. 프롬, 『선과 정신분석』, 김용정 역, 원음사, 1992, p.28.
126) 鈴木大拙, 『아홉 마당으로 풀어쓴 禪』, 심재룡 역, 현음사, 1986, p.13.

자아로부터도 벗어나기가 한결 쉬울 것이다.

앞에서 살펴보았듯이, 프롬과 매슬로가 통찰한 자아실현의 의미가 이를 잘 말해주고 있다. 자아실현은 궁극적으로 자아나 자기를 재발견하여 그 아성을 구축하는 것을 의미하는 게 아니라 자아나 자기의 굴레를 벗어나 삶의 주인공이 됨을 의미한다. 아버지가 불교이고 어머니가 도교인 선불교의 사상에서도 깨달음이란 내가 내 삶의 주인공이 됨을 의미한다. 이런 맥락에서 자아실현은 불교와 도교의 깨달음에 접근할 수 있다. 그러므로 자아실현의 역설에서 동양과 서양이 서로 만날 수도 있는 셈이다.

그렇다면 우리가 나아갈 길은 무엇일까? 우리는 자아는 실체가 있다는 환상에 사로잡혀 자아를 확보하고 강화하려는 시도와 노력을 포기해야 하지 않을까. 그러고 나서 우리는 자아실현의 역설을 발판으로 삼아 자아로부터 벗어나 동서사상의 만남을 꾀해야 하지 않을까. 더 나아가서 우리는 이런 모험적 시도를 계기로 삼아, 이미 인터넷으로 지구촌이 연결되어 있는 21세기를 동양과 서양이 진정하게 만날 수 있는 세기로 만들어야 하지 않을까.

2. 우리는 어떻게 자아를 없앨 수 있는가?

예로부터 불교철학이나 도교철학에서는 자아를 없애거나 초월하는 수행방법이 구체적으로 제시되어 있다. 이를 위해서 불교철학과 도교철학에서 공통적으로 강조하고 있는 방법은 호흡과 명상이다. 그리고 호흡과 명상은 우리를 무념무상의 경지로 이끄는 가장 효과적인 수행방법이다.

불교의 초기경전인 『아함경』에서 석가는 호흡과 명상을 분명히 권장하였다.

> "호흡을 관찰하는 수행(數息觀)을 닦아 익혀라. 만약 수행자가 수식관을 닦아 익히면 몸과 마음이 쉬게 되고 거친 생각과 미세한 생각이 순일해지며, 순수하고 분명한 생각을 닦아 만족하게 된다. …… 먼저 여러 감각기관을 잘 단속하고 고요한 방이나 나무 밑에 몸을 단정히 하고 앉는다. 생각은 눈앞에 매여 두고 탐욕과 성냄과 수면과 들뜬 생각과 의심을 모두 단절해버린다. 그런 뒤 숨을 들어 쉬거나 내쉴 때에는 오직 숨을 쉰다는 것에만 생각을 집중한다. 들숨 때는 숨이 들어오고 있구나, 날숨 때는 숨이 나가고 있구나 하고 관찰한다. 만약 몸을 움직이게 되면 움직이는 몸의 상태를 관찰해서 몸의 움직임을 잠시라도 놓치지 않는다. 이를 들숨 날숨 때처럼 알아챈다. 만약 대상과 경계가 기쁨이거나 즐거움이면 이것에 집중하여 관찰하여 알고, 마음의 기쁨(心悅)과 마음의 고요함(心定)이 생기면 들숨과 날숨 때 이것에 집중하여 관찰하여 알아챈다."[127]

이런 수행을 꾸준히 해나가면 번뇌와 망상을 끊고 '나'와 '내 것'에 대한 집착을 버려서 깨달음에 이를 수 있다고 그는 보았다.

또한 도교철학에서도 호흡과 명상이 자아를 잊어버리고 도를 깨치는 중요한 수행방법이다. 조선시대의 정렴은 이런 수행방법을 「용호결」에서 간명하면서도 구체적으로 제시하였다.

> "이제 폐기(閉炁)하려는 사람은 먼저 마음을 조용히 하고 책상다리를 하고 단정히 앉는다. 다음 발(簾)을 드리운 것 같이 위 눈꺼풀을 내려뜨려 내려다보며 눈을 코끝에 대(對)하고, 코로는 배꼽

127) 홍사성 엮음, 『아함경』, 불교시대사, 2009, p.423.

둘레를 대하고 숨을 들어 쉬기를 오래 계속하고 내쉬기를 조금씩 하여 늘 신기(神氣)가 배꼽 아래 한 치 세 푼에 있는 단전(丹田)에 머물게 한다. …… 수단(修丹)의 도는 폐기하는 것이 시작하는 방법이니, 가부좌를 하고 단정히 앉아서 마음을 놓고 얼굴을 펴서 눈을 내려 보는데 반드시 신기가 배꼽 밑 단전에 보이도록 하면, 위의 풍사(風邪)가 구름 걷히듯 안개 걷히듯 하여 슬슬 가슴과 배로 쫓겨 내려옴으로써 그 내려 보내는 길을 얻은 다음에 스스로 몸이 화평하여진다. 땀 기운이 온몸에 부드럽게 나와서 백맥(百脈)이 전체에 두루 돌면 심지(心志)가 가득 편해져서 눈앞에 흰 눈이 펄펄 날려도 내가 나의 육신에 깃들여 있는지, 육신이 나에게 속해 있는지 알지 못하고 아득하고 황홀하여 헤아리기 어려운 지경이 된다. 이런 지경이 되면 그때는 태극(太極)이 갈라지기 전의 상태에 있게 되는 것이다. 이는 진선(眞仙)의 경지요 진도(眞道)의 길이다."[128)]

이런 수행방법은 오늘날 사람들에게는 근엄하기도 하고 고리타분하게 느껴질 수도 있을 것이다. 또한 오늘날처럼 과학기술이 고도로 발달하고 자극과 유혹이 많은 복잡한 세상을 살아가는 사람들에게 과연 그것이 적절할 수 있는가 하는 의문이 충분히 생길 수도 있다. 그러니 부처나 신선이 되라고 권하는 건 결코 아니다. 그러나 이런 복잡한 세상일수록 휴식이 그만큼 더 필요하지 않을까. 그런 점에서 조용한 곳에서 호흡을 가다듬고 명상에 잠기는 수행은 '나'를 잠시나마 잊을 수 있는 휴식이 될 수 있을 것이다.

위에서 제시한 불교와 도교의 수행방법은 일상생활에서 실천하기 힘들 수 있다. 그래서 우리는 이 수행방법을 현대적으로 해석할 필요가 있다. 이런 점에서 본인의 경험을 소개할까 한다. 본인은 약골이며 홀로 근근이 살아가고 있다. 그렇기 때문에 나이가 들수록 건

---

128) 이능화, 『조선도교사』, 이종은 역, 보성문화사, 1977, p.233 이하.

강이 염려가 되었다. 지금도 나이가 많은데 노인이 되어 몸이 아프면 어떻게 될까 하는 걱정이 생겨났다. 그래서 20년 전쯤에 태극권 24식을 무술도장에 가서 2개월 동안 배웠다. 어린 시절부터 도교의 양생술에 관심을 기울인 터라 태극권을 배우는 일이 그렇게 힘들지 않았다. 그러나 그 이상 배우고 싶은 생각은 들지 않았다. 그 뒤에 집 근처 산에 거의 매일 올라가서 태극권을 혼자 수련했다.

태극권은 태극사상에 근거를 둔 권법으로서 장삼봉이 창시하였다. 태극권을 단련하면 심신의 건강뿐만 아니라 호신의 효과도 거둘 수 있다. 그러나 그것은 무술로서보다는 양생술이나 건강을 지키는 권법으로서 더 가치가 있다고 볼 수 있다. 태극권은 본래 천인합일, 즉 태극의 경지에 오르기 위해 만들어진 무술이자 양생술이기 때문이다. 그리고 그것은 몸이 느슨해진 상태(송, 鬆)를 목표로 삼으며 움직이는 선(動禪)이라고도 불린다. 태극권은 궁극적으로 태극의 경지를 추구하는 권법이므로 태극권을 제대로 수련하면 천일합일의 경지에 도달하여 황홀경에 이를 수도 있을 것이다. 중국의 권법은 대체로 태극권과 같이 형이상학적인 경향이 강하므로 중국의 권법을 익힌 선수들이 UFC 같은 격투기에서 두각을 나타내지 못하는 것은 결코 우연한 일이 아닐 것이다.

본인은 혼자서 태극권을 수련하면서 몸이 마음보다 먼저 느끼고 안다는 것을 우선 체득했다. 그리고 나서 몸의 움직임에 집중하는 가운데 심신이 상쾌했을 뿐만 아니라 나를 때때로 잊어버리기도 하였다.

어느 날 태극권 24식을 다 전개하고 난 다음에 주위를 둘러보니 놀랍게도 까치들이 원을 그리며 본인 주위를 둘러싸고 까치발로 돌아다니는 게 아닌가. 또 어느 날은 태극권 자세를 취하고 있었는데 몸 위로 청설모가 겁도 없이 오르려고 하였다. 아마도 까치나 청설모가 본인을 나무나 돌로 여긴 모양이었다. 이와 같이 나무나 돌이 되고 더 나아가 바람이 되는 체험을 잠깐 동안이나마 맛볼 수 있었다.

본인 같은 보통사람도 이런 엄청난 체험을 할 수 있구나. 무념무상이라든가 황홀경이란 보통사람들이 도달하기에는 요원한 경지도 아니고 격식화된 수련을 거쳐야만 이를 수 있는 경지가 아니지 않을까. 이런 상념에 잠겼다. 그렇다. 그것은 일상생활 속에서 누구나 호흡과 명상을 수행하면서 자연스럽게 체험할 수 있는 경지이리라. 심리학자 매슬로도 절정경험은 강도와 지속시간에 상관없이 누구나 누릴 수 있는 체험이라고 하지 않았던가.

자아를 소멸시키고 초월하는 구체적 방법은 돈이 많이 드는 것도 아니고 힘이 많이 드는 것도 아니다. 그런 방법은 우리가 그럴 뜻만 있으면 그렇게 어렵지 않게 수행할 수 있다. 뜻이 있는 곳에 길이 있다고 하지 않았는가.

본인의 수행방법- '수행방법'이라고 말하기가 민망스럽지만-은 아주 평범하다. 산에 올라가서 숲의 정기를 온몸으로 음미한다. 그러면서 형식에 구애될 필요가 없이 몸 가는 대로 이리저리 움직이다 보면 호흡은 자연스러워지며 마음은 저절로 가라앉아 순수해진다. 그러고 나서 유유자적하게 걸어 다니다 보면 짜릿한 기분이 들기도 하고 자신을 잊어버리기도 한다. 요컨대 마음을 가라앉히고 몸을 느슨하게 하여 숲속을 걸어 다니기만 해도 충분하다. 누구나 쉽게 할 수 있는 일이다. 등산을 좋아하는 사람들은 가끔 산의 어떤 곳에서 짜릿한 기분을 느끼곤 한다. 그렇지만 자기를 비우고 몸이 느슨해지면 짜릿한 기분은 더욱 강렬하고 지속적일 수 있을 것이다.

| 나가는 말 |

오늘날 한국사회에서 살고 있는 사람들도 동양의 전통문화와는 이미 단절되어 서양문화에 깊이 젖어 살고 있을 뿐만 아니라 지구적 자본주의에 적응해서 살아가고 있다. 그러다 보니 젊은 사람들은 물론 대부분의 한국인들은 제 잘난 맛에 살고 있다. 이렇게 보아도 크게 무리가 아닐 것이다. 이들은 내가 세상의 중심이고 내가 죽으면 이 세상은 무의미하다고 여긴다. 그리하여 이들은 대체로 자기중심적이고, 인생을 즐기면서 살기 위해 결혼과 출산을 꺼린다. 그런데 요즈음 한국의 젊은이들은 취업난으로 직장을 구하기도 어려워졌고 막상 결혼해서 살 집을 구하기도 자식 키우기도 엄청 힘들어졌다. 물론 이런 요인들이 작용해서 한국의 출산율이 내려가고 급기야는 OECD 국가들 중 꼴찌가 되었을 것이다. 그렇지만 자기중심적인 삶을 즐기려는 추세도 그 한몫을 하지 않았겠는가.

이런 사람들에게 자아를 내려놓거나 지우라고 말한다면 그들은 분명히 싫어할 것이다. 그리하여 이들은 결코 자아를 내려놓거나 지우려고 하지 않을 것이다. 더 정확하게 말하자면, 이들은 나에 대한 집착이 너무 강해서 자아가 없다는 생각조차 하지 않으려고 할 것이다. 나는 분명히 여기에 있는데 왜 나를 부정해야 하는가. 자아가 없다는 생각이 잘못되었을 뿐만 아니라 우스꽝스럽지 않은가. 이런 식으로 이들은 항변할 것이다. 이들 중에는 내 말이 곧 법이라고 여기는 사람들도 있고 자아가 너무 강해 자신밖에 모르는 사람들도 있다. 이런 사람들은 자아가 없다는 것을 꿈에도 생각하지 않고 자아를 집요하게 고집할 것이다. 그리고 그들은 자아도취에 빠져서 남에게 상처를 주기 마련이다.

그럼에도 불구하고 왜 본인은 그들에게 자아를 벗어나길 바라는가? 자아도취에 빠지고 자아실현에 매달려 살아가는 동시대의 한국인들에게 자아의 껍질을 깨고 나와 자아실현의 참된 의미를 일깨우고 싶었기 때문이다. 더 나아가서 내가 탐구하고 확보해야 할 자아도 실현해야 할 자아도 실체가 없음을 새삼스럽게 일러주고 싶었기 때문이다.

우리는 100년 전이나 200년 전을 생각해보자. 그때는 오늘날과 같이 자아의 개념이 우리에게 있었을까? 그렇지 않았다. 그때는 오늘날과 같이 자아를 탐구하고 확보하려는 문화가 있었을까? 마찬가지로 그렇지 않았다. 20세기에 한국사회가 산업화·근대화하면서 서양문화가 급속하게 유입되고 정착되면서 자아의 개념도 도입되고 자아를 탐구하고 확보하려는 문화도 자리 잡게 되었다. 그렇기 때문에 우리에게는 인륜을 중시하는 유교문화, 깨달음을 추구하는 불교문화, 무위자연을 숭상하는 도교문화가 남아 있긴 하지만 서양문화가 압도적이다. 그런 점에서 자아를 탐구하고 확보하려는 경향은 앞으로 점점 더 거세질 수 있을 것이다. 그렇지만 이런 경향은 문화적으로나, 사회적으로 형성된 것이라고 봐야 한다. 이를 우리는 잘 인식해야 할 것이다.

물론 우리에게도 자아에 집착하려는 천성적인 성향이 본래 있다. 그러나 동양에서는 이런 성향이 자아를 탐구하고 확보하려는 문화를 조성하거나 자아의 개념을 만들어내려는 철학으로 이어지지 않았다. 동양에는 자아를 경계하려는 경향이 강했다. 따라서 우리에게는 본래 자아 개념도, 자아를 탐구하고 확보하려는 경향도 없었다.

이렇게 본다면 우리는 자아로부터 벗어나기가 훨씬 수월해진다. 그럼에도 불구하고 왜 오늘날 우리는 자아로부터 벗어나려고 하지도 않고 벗어나기도 힘들까? 우리는 서양문화에 너무 젖어 있을 뿐만 아니라 자아에 대한 집착은 인간의 생존본능이기 때문일 것이다. 그래서 우리는 자아로부터 완전히 벗어나기가 어쩌면 불가능할지도 모른다.

오늘날 우리는 정도의 차이가 있겠지만 누구나 다 자아에 붙들려 있다. 더군다나 자아로부터 벗어나는 삶을 이해하지도 못하고 받아들이려고 하지도 않는 사람들도 아주 많다. 그리하여 그들은 자아와 관련된 용어들을 일상생활에서 자주 사용한다. 자존감, 자신감, 자존심, 자부심, 자괴감 등등. 이런 용어들을 늘어놓고 보면 그들은 태양 주위를 돌고 있는 지구와 같은 행성들처럼 자아 주위를 떠나지 못하는 것 같다. 좀 심하게 말하자면, 그들은 자아에 중독되어 있는지도 모른다.

이런 사람들에게는 자아를 지우고 없애려는 문화가 오히려 거북할 뿐만 아니라 증오스럽기까지 할 것이다. 그래서 비록 이런 문화가 옳은 방향이라고 하더라도 본인은 자아를 버리고 지우라고 그들에게 억지로 권하고 싶지는 않다. 그 대신에 그들에게는 자아실현의 길이 잘 어울릴 것 같다. 다시 말하자면, 이런 사람들은 프롬과 매슬로가 제시한 자아실현의 역설을 되새기면서 자아실현의 길을 가는 게 좋을 것 같다. 이 길은 권장하고 싶은 길은 아니지만, 자본주의사회에서 자아에 집착하고 그것을 고집하는 한국인들에게는 현실적으로 매력적인 길이 될 수도 있을 것이다.

이 글의 의의를 마지막으로 피력하고 싶다. 자아의 문제란 결코 개인의 차원에만 국한된 게 아니라 우리의 삶과 문화에 직결되어 있다. 또한 이 문제는 동서사상의 만남을 꾀할 수 있는 터전일 뿐만 아니라 정치적으로나, 경제적으로나 중요한 의미를 띤다. 자아를 탐구하고 확보하려는 문화를 우리가 바꿀 수 있다면 우리 사회는 훨씬 더 정의로워지고 살기 좋은 사회가 될 수도 있을 것이다. 오늘날의 지구촌이 직면한 생태적 위기도 극복할 수 있는 실마리도 나올 수 있을 것이다. 따라서 우리는 과학기술의 발전만 꾀할 게 아니라 자아를 탐구하고 확보하려는 문화도 바꿔나가야 할 것이다. 다행히 우리에게는 자아에 관한 한 바람직한 문화의 전통이 남아 있지 않은가. 이런 전통을 현대적으로 잘 살릴 수 있다면 자아를 탐구하고 확보하려는 문화도 자아를 내세우려 하지 않거나 지우려는 문화로 바꿔나갈 수 있으리라. 더 나아가서 자아실현의 역설을 통해 동서사상의 만남을 꾀한다면 더욱 바람직할 것이다.

| 참고문헌 |

가자니가 마이클, 『뇌로부터의 자유』, 박인균 옮김, 추수밭, 2012.
강영안, 「셸링의 초기 철학에서 자아와 철학」, 『철학연구』 26, 1990.
강영안, 『타인의 얼굴』, 문학과지성사, 2005.
고미숙, 「자아실현의 도덕적 의미」, 『교육문제연구』 27권 1호, 2014.
구딩 멜, 『추상미술』, 정무정 옮김, 열화당, 2003.
김명우, 『유식삼십송과 유식불교』, 예문서원, 2009.
김상봉·고명섭, 『만남의 철학』, 길, 2015.
김성철, 「불교와 뇌과학으로 조명한 자아와 무아」, 『불교학보』 71, 2015.
김용옥, 『논어한글역주』 1, 통나무, 2010.
노자, 『노자』, 김경탁 역, 양현각, 1983.
노자, 『노자』, 이강수 옮김, 길, 2007.
니스벳 리처드, 『생각의 지도』, 최인철 옮김, 김영사, 2003.
데닛 대니얼, 『직관 펌프』, 노승영 옮김, 동아시아, 2015.
데리다 자크, 『다른 곶』, 김다은 옮김, 동문선, 1997.
데카르트 르네, 『방법서설·성찰』, 최명관 옮김, 창, 2010.
도밍고스 페드로, 『마스터 알고리즘』, 강형진 옮김, 비즈니스북스, 2016.
라쉬 크리스토퍼, 『나르시시즘의 문화』, 최경도 역, 문학과지성사, 1989.
라일 길버트, 『마음의 개념』, 이한우 옮김, 문예출판사, 1994.
러셀 스튜어트 & 노빅 피터, 『인공지능』 1·2, 류광 옮김, 제이펍, 2016.
鈴木大拙, 『아홉 마당으로 풀어쓴 禪』, 심재룡 역, 현음사, 1986.
루이 린다 마르티네즈, 『왜 그 사람은 자기밖에 모를까』, 송정은 옮김, 수린재, 2011.
마츠, 한스 요하임, 『나는 아직도 사랑이 필요하다』, 류동수 옮김, 애플북스, 2013.
매슬로 에이브러햄, 『존재의 심리학』, 정태연·노현정 옮김, 문예출판사, 2004.
매슬로 에이브러햄, 『동기와 성격』, 오혜경 옮김, 21세기북스, 2009.
무비 풀어씀, 『작은 임제록』, 염화실, 2008.
바지니 줄리안, 『에고 트릭』, 강혜정 옮김, 미래인, 2012.
베넷 맥스웰 외, 『신경과학의 철학』, 이을상 외 옮김, 사이언스북스, 2013.
보스트롬 닉, 『슈퍼 인텔리전스』, 조성진 옮김, 까치, 2017.

비하리 웬디 T, 『자아도취적 이기주의자 대응 심리학』, 정윤미 옮김, 브레인 스토어, 2008.
브래들리 피오나, 『초현실주의』, 김금미 옮김, 열화당, 2003.
사르트르 장 폴, 『존재와 무』, 정소성 옮김, 동서문화사, 2009.
사르트르 장 폴, 『자아의 초월성』, 현대유럽사상연구회 옮김, 민음사, 2017.
三枝充悳, 『세친의 삶과 사상』, 송인숙 옮김, 불교시대사, 1993.
세르 미셸 외, 『정체성, 나는 누구인가』, 이효숙 옮김, 알마, 2013.
셸링 F. W. J., 『철학의 원리로서의 자아』, 한자경 옮김, 서광사, 1999.
세친, 『유식삼십송』, 관심 풀어씀, 불교시대사, 2005.
신정근, 「<논어>와 <장자>의 자아관」, 『유교사상문화연구』 37, 2009.
써얼 존, 「인지과학과 인공지능」, 『철학연구』 22, 철학연구회, 1987.
아데니스 아멜리아, 『명화는 왜 유명한가?』, 정선이 옮김, 2002.
아리스토텔레스, 『형이상학』, 김진성 역주, 이제이북스, 2010.
알바노에, 『뇌과학의 함정』, 김미선 옮김, 갤리온, 2009.
오비디우스, 『변신 이야기』, 천병희 옮김, 숲, 2005.
오카샤 사미르, 『과학철학』, 김미선 옮김, 교유서가, 2017.
와일드 오스카, 『도리언 그레이의 초상』, 이선주 옮김, 황금가지, 2003.
와일드, 오스카, 『와일드가 말하는 오스카』, 박명숙 옮김, 민음사, 2016.
용수, 『중론』, 김성철 옮김, 경서원, 2001.
원효, 『대승기신론소』, 은정희 옮김, 일지사, 2000.
윤명노, 『현상학과 유식론』, 시와 진실, 2006.
융 칼 구스타프, 『꿈에 나타난 개성화 과정의 상징』, 한국융연구원 옮김, 솔, 2002.
융 칼 구스타프, 『인격과 전이』, 한국융연구원 옮김, 솔, 2004.
융 칼 구스타프, 『기억 꿈 사상』, A. 야페 편집, 조성기 옮김, 김영사, 2007.
융 칼 구스타프, 『칼 융, 차라투스트라를 분석하다』, 김세영 · 정명진 옮김, 부글북스, 2017.
융 칼 구스타프, 『칼 융의 말』, 정명진 옮김, 부글북스, 2017.
이남인, 『후설의 현상학과 현대철학』, 풀빛미디어, 2006.
이능화, 『조선 도교사』, 이종은 역, 보성문화사, 1977.
이동용, 『나르시스, 그리고 나르시시즘』, 책읽는사람들, 2001.
이만 역주, 『성유식론 주해』, 씨아이알, 2016.
이만갑, 『자기와 자기의식』, 소화, 2002.
이부영, 『자기와 자기실현』, 한길사, 2006.

이선경 외, 「한국 대학생들의 나르시시즘 증가-시교차적 메타분석(1999-2014)」, 『한국심리학회지』 33권 3호, 한국심리학회, 2014.
이우환, 『여백의 예술』, 김춘미 옮김, 현대문학, 2002.
이용휴, 『나를 찾아가는 길』, 박동욱 · 송혁기 옮기고 씀, 돌베개, 2014.
장자, 『장자』, 안병주 · 전호근 공역, 전통문화연구회, 2007.
정범모, 『인간의 자아실현』, 나남출판, 1997.
조홍길, 『헤겔의 사변과 데리다의 차이』, 한국학술정보, 2011.
주희, 『논어집주』, 성백효 역주, 전통문화연구회, 2016.
지승도, 『인공지능, 붓다를 꿈꾸다』, 운주사, 2015.
체식 리처드, 『자기심리학과 나르시시즘의 치료』, 임말희 옮김, 눈, 2012.
카나쿠나 엔쇼, 『인도철학의 자아사상』, 문을식 옮김, 여래, 1994.
카쿠 미치오, 『마음의 미래』, 박병철 옮김, 김영사, 2015.
칸트 임마뉴엘, 『순수이성비판』, 최재희 옮김, 박영사, 2001.
커즈와일 레이, 『특이점이 온다』, 김명남 · 장시형 옮김, 김영사, 2009.
커즈와일 레이, 『마음의 탄생』, 윤용삼 옮김, 크레센도, 2016.
콘스탄디 모레브, 『일상적이지만 절대적인 뇌과학 지식』, 박인용 옮김, 반니, 2016.
클루거 제프리, 『옆집의 나르시시스트』, 구계원 옮김, 문학동네, 2016.
테일러 찰스, 『자아의 원천들』, 권기돈 · 하주영 옮김, 새물결, 2015.
페르하에허 파울, 『우리는 어떻게 괴물이 되어가는가』, 장혜경 옮김, 반비, 2015.
프로이트 지그문트, 『정신분석학의 근본개념』, 윤희기 · 박찬부 옮김, 열린책들, 2003.
프로이트 지그문트, 『집단심리학과 자아분석』, 이상률 옮김, 지도리, 2013.
프롬 에리히, 『선과 정신분석』, 김용정 역, 원음사, 1992.
프롬 에리히, 『자유로부터의 도피』, 원창화 옮김, 홍신문화사, 2008.
프롬 에리히, 『나는 왜 무기력을 되풀이하는가』, 장혜경 옮김, 나무생각, 2016.
피히테, 『전체 지식학의 기초』, 한자경 옮김, 서광사, 1996.
하비 존, 『이토록 황홀한 블랙』, 윤영삼 옮김, 위즈덤하우스, 2017.
하크 수잔, 『논리철학』, 김효명 옮김, 종로서적, 1984.
한병철, 『투명사회』, 김태환 옮김, 문학과지성사, 2014.
한자경, 『자아의 연구』, 서광사, 1997.
한자경, 『심층마음의 연구』, 서광사, 2016.
허정 엮음, 『잡아함경』, 초롱, 2005.

헤세 헤르만, 『데미안』, 김인순 옮김, 열린책들, 2014.
헤겔 G. W. F., 『정신현상학』, 임석진 옮김, 한길사, 2005.
헤겔 G. W. F., 『법철학』, 임석진 옮김, 한길사, 2008.
홈즈 제레미, 『나르시시즘』, 유원기 옮김, 이제이북스, 2002.
홍사성 엮음, 『한 권으로 읽는 아함경』, 불교시대사, 2009.
호치키스 샌디, 『나르시시즘의 심리학』, 이세진 옮김, 교양인, 2004.
흄 데이비드, 『인간이란 무엇인가』, 김성숙 옮김, 동서문화사, 2009.
후설 에드문트, 『데카르트적 성찰』, 이종훈 옮김, 한길사, 2002.

Bostrom, Nick, *Superintelligence*, Oxford University Press, 2016.
Damasio, Antonio, *Descartes' Error*, Penguin Books, 2005.
Hackenesch, C., *Die Logik der Andersheit*, athenäum, 1987.
Hegel, G. W. F., *Wissenschaft der Logik* I · II, Felix Meiner Verlag, 1975.
Hegel, G. W. F., *Frühe politische Systeme*, Ullstein Verlag, 1974.
Schnag, C, *The Self after Postermodernity*, Yale University Press, 1997.
Searle, John R., "Minds, Brains and Programs", *Behavioral and Brain Sciences 3(3)*, Cambridge University Press, 1980.
Cambridge University Press, 1980.
Stern, R(ed.), *G. W. F. Hegel Critical Assessments* III, Routledge, 1993.

조홍길

부산대학교에서 박사학위를 받았다. 현재 동서사상의 만남에 관심이 많다. 저서로는 『욕망의 블랙홀』(2010), 『헤겔의 사변과 데리다의 차이』(2011), 『헤겔, 역과 화엄을 만나다』(2013)가, 역서로는 『기독교의 정신과 그 운명』(2015)이 있다.

나를 향한
열정,
'나'로부터
벗어나기

초판인쇄 2017년 12월 4일
초판발행 2017년 12월 4일

지은이 조홍길
펴낸이 채종준
펴낸곳 한국학술정보㈜
주소 경기도 파주시 회동길 230(문발동)
전화 031) 908-3181(대표)
팩스 031) 908-3189
홈페이지 http://ebook.kstudy.com
전자우편 출판사업부 publish@kstudy.com
등록 제일산-115호(2000. 6. 19)

ISBN 978-89-268-8168-2 93100